Dirk Frenzel

Architektur und Einsatzmöglichkeiten des Systems zur P.⎵⎵⎵⎵⎵⎵⎵⎵⎵⎵g
komplexer Abläufe im Internet

Dirk Frenzel

Architektur und Einsatzmöglichkeiten des Systems zur Prozeßunterstützung komplexer Abläufe im Internet

Diplom.de

Bibliografische Information der Deutschen Nationalbibliothek:

Bibliografische Information der Deutschen Nationalbibliothek: Die Deutsche Bibliothek verzeichnet diese Publikation in der Deutschen Nationalbibliografie; detaillierte bibliografische Daten sind im Internet über http://dnb.d-nb.de/ abrufbar.

Copyright © 1998 Diplomica Verlag GmbH
Druck und Bindung: Books on Demand GmbH, Norderstedt Germany
ISBN: 978-3-8386-1293-5

http://www.diplom.de/e-book/217205/architektur-und-einsatzmoeglichkeiten-des-systems-zur-prozessunterstuetzung

Dirk Frenzel

Architektur und Einsatzmöglichkeiten des Systems zur Prozeßunterstützung komplexer Abläufe im Internet

Diplomarbeit
an der Bayerischen Julius-Maximilians-Universität Würzburg
Juni 1998 Abgabe

Diplomarbeiten Agentur
Dipl. Kfm. Dipl. Hdl. Björn Bedey
Dipl. Wi.-Ing. Martin Haschke
und Guido Meyer GbR

Hermannstal 119 k
22119 Hamburg

agentur@diplom.de
www.diplom.de

ID 1293
Frenzel, Dirk: Architektur und Einsatzmöglichkeiten des Systems zur
Prozeßunterstützung komplexer Abläufe im Internet / Dirk Frenzel –
Hamburg: Diplomarbeiten Agentur, 1999
Zugl.: Würzburg, Universität, Diplom, 1998

Dipl. Kfm. Dipl. Hdl. Björn Bedey, Dipl. Wi.-Ing. Martin Haschke & Guido Meyer GbR
Diplomarbeiten Agentur, http://www.diplom.de, Hamburg
Printed in Germany

Diplomarbeiten Agentur

Wissensquellen gewinnbringend nutzen

Qualität, Praxisrelevanz und Aktualität zeichnen unsere Studien aus. Wir bieten Ihnen im Auftrag unserer Autorinnen und Autoren Wirtschafts-studien und wissenschaftliche Abschlussarbeiten – Dissertationen, Diplomarbeiten, Magisterarbeiten, Staatsexamensarbeiten und Studien-arbeiten zum Kauf. Sie wurden an deutschen Universitäten, Fachhoch-schulen, Akademien oder vergleichbaren Institutionen der Europäischen Union geschrieben. Der Notendurchschnitt liegt bei 1,5.

Wettbewerbsvorteile verschaffen – Vergleichen Sie den Preis unserer Studien mit den Honoraren externer Berater. Um dieses Wissen selbst zusammenzutragen, müssten Sie viel Zeit und Geld aufbringen.

http://www.diplom.de bietet Ihnen unser vollständiges Lieferprogramm mit mehreren tausend Studien im Internet. Neben dem Online-Katalog und der Online-Suchmaschine für Ihre Recherche steht Ihnen auch eine Online-Bestellfunktion zur Verfügung. Inhaltliche Zusammenfassungen und Inhaltsverzeichnisse zu jeder Studie sind im Internet einsehbar.

Individueller Service – Gerne senden wir Ihnen auch unseren Papier-katalog zu. Bitte fordern Sie Ihr individuelles Exemplar bei uns an. Für Fragen, Anregungen und individuelle Anfragen stehen wir Ihnen gerne zur Verfügung. Wir freuen uns auf eine gute Zusammenarbeit

Ihr Team der *Diplomarbeiten* Agentur

Dipl. Kfm. Dipl. Hdl. Björn Bedey —
Dipl. Wi.-Ing. Martin Haschke ——
und Guido Meyer GbR ————

Hermannstal 119 k ————
22119 Hamburg ————

Fon: 040 / 655 99 20 ————
Fax: 040 / 655 99 222 ————

agentur@diplom.de ————
www.diplom.de ————

Inhaltsverzeichnis:

1   ZIELSETZUNG UND AUFBAU   **1**
   1.1   Zielsetzung der Arbeit   1
   1.2   Aufbau der Arbeit   2

2   ELECTRONIC COMMERCE   **3**
   2.1   Teilnehmer-Kategorisierung   3
      2.1.1   Business-to-Business Transaktionen   4
         2.1.1.1   Traditionelles EDI   4
         2.1.1.2   Internet EDI   6
         2.1.1.3   Internetnutzung für EDI   6
         2.1.1.4   Extranet   9
      2.1.2   Business-to-Customer Transaktionen   10
         2.1.2.1   Electronic-Banking   10
         2.1.2.2   Electronic-Shopping   11
         2.1.2.3   Electronic-Entertainment   13
         2.1.2.4   Electronic-Information   14
      2.1.3   Government-to-Customer/-Business Transaktionen   14
      2.1.4   Community of Interest Networks (COIN)   14
      2.1.5   Customer-to-Customer Transaktionen   15
      2.1.6   Intraorganisationelle Kommunikation   15
         2.1.6.1   Groupware   15
         2.1.6.2   Intranet   16
   2.2   Chancen und Möglichkeiten des Electronic Commerce   **18**
      2.2.1   Potentiale für Unternehmen   19
         2.2.1.1   Kostenreduktion   19
         2.2.1.2   Verbesserung der Informationsflüsse   20
         2.2.1.3   Verbesserung der Marktaktivitäten   21
         2.2.1.4   Erhalt und Verbesserung der Wettbewerbssituation 21
      2.2.2   Potentiale für Konsumenten   22
   2.3   Akzeptanz und Probleme des Electronic Commerce   **22**

3   KOORDINATION UND KOMMUNIKATION AUF ELEKTRONISCHEN MÄRKTEN   **26**
   3.1   Ökonomische Koordination   **26**
   3.2   Einfluß der Informations- und Kommunikationstechniken   **27**
   3.3   Elektronischer Markt   **29**
   3.4   Auswirkung auf den Wertschöpfungsprozeß   **31**
      3.4.1   Mediatisierung   31
      3.4.2   Produkteigenschaften für den Einsatz in elektronischen Märkten 32
      3.4.3   Änderungen in der Wertschöpfungskette   34
      3.4.4   Formen des elektronischen Handels   36
      3.4.5   Neue Potentiale für den Zwischenhandel   38
   3.5   Phasenmodell der Geschäftstransaktion   **40**

4   COMMUNITY OF INTEREST NETWORK   **43**
   4.1   Darstellung des Konzeptes   **43**
   4.2   Potentiale des Konzeptes   **46**
      4.2.1   Markttransparenz   46
      4.2.2   Effizienter Prozeßablauf   47
      4.2.3   Vertrauen und Sicherheit   48
      4.2.4   Datenerhebung und -nutzung   49
      4.2.5   Mehrwert   49
      4.2.6   Neue Geschäftsfelder   50
      4.2.7   Kernkompetenzen   50
   4.3   Probleme und Grenzen des Konzeptes   **51**
      4.3.1   Interorganisationale Unternehmenssicht   51
      4.3.2   Intraorganisationale Unternehmenssicht   51
      4.3.3   Konsumentenbezug   52

4.4   Einsatzmöglichkeiten des Konzeptes   54
  4.4.1   Unternehmenstypologie   54
    4.4.1.1 Klassische Typologie der Unternehmen   54
    4.4.1.2 Aktuelle Entwicklung   56
  4.4.2   Produkteigenschaften   57
    4.4.2.1 Digitalisierung   57
      4.4.2.1.1 Beschreibung und Kategorisierung   57
      4.4.2.1.2 Merkmale von Informationsprodukten   58
      4.4.2.1.3 Physische Merkmale digitaler Produkte   60
      4.4.2.1.4 Klassifizierungskriterien   61
    4.4.2.2 Konsistente Digitalisierung   63
    4.4.2.3 Mehrwert   63
    4.4.2.4 Komplexität   65
    4.4.2.5 Wertigkeit   66
    4.4.2.6 Informationsbedarf   67
    4.4.2.7 Individualisierbarkeit   69
    4.4.2.8 Informationsfindung   69
4.5   Organisation eines COIN-Systems   70
  4.5.1   Teilnahme   70
  4.5.2   Betrieb des Systems   71
  4.5.3   Finanzierung des Systems   73

5   SYSTEMARCHITEKTUR   75
4.1   Technische Architektur   75
  5.1.1   Ausgangslage   75
  5.1.2   Schichtenmodell   76
  5.1.3   Heterogenität   77
  5.1.4   Realisierungsvarianten   78
  5.1.5   Logische Architektur   79
  5.1.6   Interoperabilität   80
    5.1.6.1 Heutige Situation   80
    5.1.6.2 Komponentenbasiertes Modell   81
    5.1.6.3 Isolierte Betrachtung der Informationsphase   83
5.2   Systementwicklung   84
  5.2.1   Informationssysteme   84
  5.2.2   Prozeßorientierung   84
  5.2.3   Phasen der Systementwicklung   85
    5.2.3.1 Systemanalyse   86
    5.2.3.2 Systementwurf   86

6   BEISPIELHAFTES INFORMATIONSSYSTEM   88
6.1   Anwendungsbereich des Systems   88
6.2   Systembeschreibung in der praktischen Nutzung   89
6.3   Entwicklungsbeschreibung des Systems   89
  6.3.1   Erhebung der Geschäftsprozesse   89
  6.3.2   Modellierung der Geschäftsprozesse   90
  6.3.3   Benutzte Software und Begündung der Vorgehensweise   90
6.4   Aussicht auf anschließende praktische Arbeiten auf dem Gebiet   91

7   ZUSAMMENFASSUNG UND AUSBLICK   92

ANLAGEN   93
LITERATURVERZEICHNIS   112
ABKÜRZUNGSVERZEICHNIS   120
ERKLÄRUNG   121

Diskette (praktische Arbeit: starten mit „WIE.HTM")

1 Zielsetzung und Aufbau

Die heutige Wirtschaftssituation ist durch eine zunehmende Internationalisierung der Märkte, Reduktion der Produktentwicklungs- und Produktionszeiten bei Verringerung der Fertigungstiefe und Intensivierung der kooperativen Zusammenarbeit zwischen Unternehmen geprägt. Die zunehmende Dezentralisierung der Marktteilnehmer bei steigenden Kooperationsbedarf erfordert neue Formen der Zusammenarbeit zwischen den Unternehmen [THOM97a, S. 2].

Das Internet, welches den Verbund der globalen öffentlichen und privaten Netze darstellt, wird oft als ein mögliches Interaktionsinstrument zur Bewältigung dieses Globalisierungsbestrebens insbesondere der Anforderung nach Zusammenarbeit zwischen Unternehmen sowie der Interaktion mit dem Konsumenten gesehen.

1.1 Zielsetzung der Arbeit

Angesichts der bisher kaum genutzten Potentiale des Electronic Commerce, welches die umfassende, digitale Abwicklung der Geschäftsprozesse zwischen Unternehmen und Konsumenten ermöglicht, ist eine eingehende wissenschaftliche Behandlung und Verbesserung der heutigen Strukturen dringend erforderlich.

Eine Studie von Forrester Research geht davon aus, daß der weltweite Handelsumsatz über das Internet von 1 Mrd. US$ im Jahre 1996 auf 200 Mrd. US$ (Jahr 2000) weltweit zunehmen wird. Für Europa und speziell Deutschland geht eine Untersuchung von Datamonitor/Inteco von Umsätzen von ca. 3,2 bzw. 1,4 Mrd. US$ im Jahre 2001 aus [o.V.97b; DATA97, S. 8]. Nach einer Prognose des Electronic Commerce Forum werden die Hauptumsatzträger der Groß- und Einzelhandel (50 %), die Fertigungswirtschaft (33 %), der Dienstleistungssektor (10 %) und die Versorgungswirtschaft (5 %) sein [o.V.98].

Im Rahmen dieser Arbeit soll analysiert werden, wie neben einfachen Geschäftsabläufen auch komplexe Vorgänge über das Internet abgewickelt werden können. Dieses stellt aus verschiedenen Gründe, auf die genauer eingegangen werden wird, ein Gebiet des Electronic Commerce dar, das bisher kaum beachtet wurde.

1.2 Aufbau der Arbeit

Nach einer Einführung zu dem Begriff Electronic Commerce und dessen Potentiale werden die bisherige Probleme und Mißerfolge dargestellt. Es wird festzustellen sein, daß die heutigen Möglichkeiten, die das Internet bietet, größtenteils nicht genutzt werden. Dies ist auf die Heterogenität und fehlende Struktur zurückzuführen [MERT96a, S. 7]. So ist ein Benutzer oftmals von der Unübersichtlichkeit verwirrt und fragt sich, ob die Informationen, die er am Bildschirm betrachten kann, umfassend sind oder ob ihm nicht doch wichtige Aspekte, Produkte oder Unternehmen verborgen bleiben [MERT96a, S. 20].

Anschließend folgen Überlegungen, wie eine Koordination unter Nutzung moderner Informations- und Kommunikationstechnologien zwischen Unternehmen und Konsumenten erfolgen kann, indem man elektronische Marktssteme einsetzt. Nachfolgend wird gezeigt, für welche Prozesse und Produkte ein System zur Unterstützung komplexer Abläufe im Internet geeignet wäre.

Schließlich soll aus betriebswirtschaftlicher und technischer Sichtweise dargestellt werden, wie ein solches System auszusehen hätte und auf welche Weise man es entwickeln kann.

Dieses System soll ein mehrstufiges Konzept für die Abwicklung einer Markttransaktion sein, welches den Konsumenten abhängig von seinen Wünschen führt und bis zum Kaufabschluß begleitet.

Nach einer Beurteilung der Realisierbarkeit soll die Arbeit durch ein kurzes praktisches Beispiel abgeschlossen werden, das den Einstieg in das Konzept zeigen soll.

2 Electronic Commerce

Electronic Commerce (EC) läßt sich umschreiben als die Methodologie, die die Belange der Unternehmen, Organisationen und Konsumenten beachtet, um Kosten zu reduzieren, während man die Qualität der Produkte und Dienstleistungen verbessert und die Liefergeschwindigkeit der Leistungen erhöht. Um dieses zu erreichen, Informationen zu erhalten und weiterzuverarbeiten, benutzt man globale Computernetze und unterstützt so die Entscheidungsfindung der Konsumenten und Unternehmen [KALA96, S. 1].

Es handelt sich hierbei weniger um technische Aspekte, sondern primär um eine betriebswirtschaftliche und organisatorische Problemlösung [THOM97a, S. 2]. So kann EC auch als die digitale Abwicklung von Geschäftsprozessen zwischen Unternehmen und deren Kunden über globale öffentliche und private Netze verstanden werden [THOM97a, S. 1]. EC bedient sich der Computernetze – bspw. dem Internet – als Technologie. Insofern ist eine Trennung zwischen der betriebswirtschaftlichen und technischen Sichtweise sinnvoll.

Der wesentliche Bestandteil des EC ist der Transport von Informationen. Abgesehen von der Produktion, Distribution und Transport physischer Waren sind alle Prozesse der Wertschöpfungskette Formen der Informationsgewinnung, -verarbeitung, -veränderung und -weitergabe. Computer und Netzwerke sind für einen entsprechenden Einsatz prädestiniert [KALA96, S. 2f.].

Informationsprozesse sind in der Regel Geschäftsprozesse, die in verschiedene Kategorien einzuteilen sind. Neben einer Unterscheidung nach Zweck und Richtung der Information gliedert man nach Informationsgewinnung oder Informationsverbreitung (gezieltes Marketing) auf. Der Informationsfluß kann zwischen Unternehmen und Kunden, zwischen Geschäftspartnern und unternehmensintern erfolgen. [KALA96, S. 2f.].

2.1 Teilnehmer-Kategorisierung

Die möglichen Anwendungen können vielfältig sein, weil EC alle Formen von elektronisch übermittelten Geschäftstransaktionen beinhaltet [KÖHL97a, S. 182]. Aus diesem Grunde soll im Folgenden eine Unterscheidung nach den Teilnehmern der Informationsbeziehungen vorgenommen werden.

2.1.1 Business-to-Business Transaktionen

Diese Kategorie bezeichnet die Kommunikation und den Austausch von Geschäftsdaten zwischen Unternehmen. Bspw. sind hier die Vertriebsabwicklung und die Realisierung von elektronischen Märkten zu nennen. In diesem Umfeld erfolgt zunehmend die Nutzung des Internet für Electronic-Data-Interchange-Anwendungen (EDI) [KÖHL97a, S. 182].

Der Business-to-Business-Kommunikation wird im Gegensatz zu den übrigen Kategorien die größte Bedeutung und Potential zugewiesen. So sagt eine Schätzung von Forrester Research aus, daß Waren und Dienstleistungen, die über Internet zwischen Unternehmen vertrieben werden, von ca. 1 Mrd. US$ auf 327 Mrd. US$ im Jahre 2002 ansteigen werden [REIL97; MOAD97a, S. 74]. Allerdings werden auch hohe Anforderungen gestellt. So erzwingen hohes Geschäftsvolumen, -sicherheit und eine garantierte Betriebs- und Datensicherheit ausgereifte Produkte [THOM97a, S. 9].

Im Folgenden soll auf EDI und das Extranet-Konzept eingegangen werden.

2.1.1.1 Traditionelles EDI

Als EDI bezeichnet man den Austausch von Handelsdaten zwischen Geschäftspartnern mit Hilfe der elektronischen Datenübertragung [STAH97, S. 415]. Neben der Datenübertragung ist das Hauptziel die automatische Verarbeitung der empfangenen Daten in dem betrieblichen System (Inhouse-Applikationen) ohne daß ein manueller Eingriff notwendig ist. Um eine Kommunikation zwischen den heterogenen Systemen der Geschäftspartner zu ermöglichen, werden strukturierte Nachrichten für die Erledigung standardisierter Routineaufgaben ausgetauscht [DÖRF97a, S. 89].

Der Ablauf beim Austausch von EDI-Nachrichten erfolgt in der Weise, daß anders als bei dem konventionellem Datenaustausch die Nachricht nicht ausgedruckt sondern von der Applikation über definierte Schnittstellen an ein EDI-System verschickt werden. Dort wird die Nachricht in einen normierten Standard umgewandelt. Anschließend wird die Nachricht über die Kommunikationsverbindung an den Geschäftspartner übermittelt. Dort wandelt das EDI-System die Nachricht in das Format um, das die dort benutzte Applikation verarbeiten kann [DÖRF97a, S. 90].

Durch die papierfreie Korrespondenz wird Zeit und Geld gespart: Neben der reinen Materialerspanis fallen personalintensive Tätigkeiten, wie Datenerfassung und Verwaltung der

Papierdokumente, weg. Dadurch sinkt die Fehlerquote, die wiederum eine manuelle Korrektur überflüssig macht [KALA96, S. 340f.].

EDI hat Auswirkungen auf die Marktposition der Unternehmen. Geänderte Anforderungen an die Unternehmen haben durch das Zusammenwachsen der Märkte und zunehmende Verflechtungen der Unternehmen zu Produktionsstättenverlagerungen und geringeren Fertigungstiefen geführt. Die erforderliche Koordination wird erst durch EDI möglich. [DÖRF97b, S. 51; GRUH97, S. 225]. EDI wird wichtig sein, wenn man gegenüber der Konkurrenz bestehen und Geschäftsbeziehungen aufrecht erhalten will. Schnelle Informationen und zuverlässige Daten bewirken ein höheres Erfolgspotential im Wertschöpfungsprozeß. Schließlich werden neue Managementansätze wie Just-In-Time, Lean Supply oder Quick-Response, die den heutigen Problemen der Unternehmen begegnen sollen, erst durch den Einsatz von EDI und der immanenten Integration in die Betriebsabläufe möglich. Unternehmen zeigen auch durch einen Einstieg, daß sie modern und fortschrittlich sind [DÖRF97b, S. 57 u. 63; KALA96, S. 347 u. 357].

Obwohl EDI einige Vorteile bietet und auch schon seit den 70er Jahren in Europa genutzt wird, hat es bisher wenig Verbreitung gefunden und befindet sich in vielen europäischen Ländern erst noch im Aufbau [JIME97]. In Deutschland nutzen höchstens fünf Prozent der Unternehmen EDI-Verfahren (in der Regel größere Unternehmen), da die Einführung sehr kostenintensiv und kompliziert ist [BONN97, S. 44; BERS97]. Ein Grund für die fehlende Akzeptanz ist in dem Absprachaufwand zu sehen, der zwischen den Geschäftspartnern notwendig ist. Man muß sich über die Struktur der Daten, der Datenelemente und -segmente der EDI-Nachrichten einigen. Hierzu wurden die Standards ANSI X12 (entwickelt von dem American National Standards Institute) und EDIFACT (Electronic Data Interchange For Administration, Commerce and Transport – entwickelt von der United Nations Economic Commission for Europe). Aufbauend auf diese internationalen Standards werden vielfach branchenspezifische Subsets entwickelt. Dies hat zur Folge, daß Unternehmen, die nicht nur mit Unternehmen *einer* Branche kommunizieren (bspw. einerseits KfZ-Zulieferer aber auch Banken) mehrere Standards in einem Unternehmen beherrschen und gegebenenfalls verschiedene EDI-Systeme installieren müssen [KALA96, S. 336; DÖRF97b, S. 52f.]. Die hohen Kosten für das einzelne Unternehmen kommen zustande, weil für die Abwicklung des Datentransfers zu dem Geschäftspartner kostenintensive, komplexe Software- und Telekommunikationseinrichtungen installiert oder Drittunternehmen (Mehrwertdienstleister) beauftragt werden [DÖRF97b, S. 53; LIND97]. Diese stellen ein Value-Added-Network (VAN) gegen Transaktionsentgelt zur Verfügung. Die Inanspruchnahme dieser Dienstleister lohnt sich jedoch erst wenn die Unternehmen eine große Anzahl von Geschäftsprozessen über EDI abzuwickeln haben, welches bei kleinen und mittleren Unternehmen (KMU) vielfach nicht der Fall ist [LIND97; CALL97, S. 90]. Weiterhin ist ein EDI-Einsatz erst effizient, wenn die Daten innerhalb des Unternehmens automatisiert weiterverarbeitet werden. Dafür bedarf es organisatorischer Anpassungen, die ebenfalls mit Kosten verbunden sind.

2.1.1.2 Internet EDI

Verschärften Wettbewerbsbedingungen und Marktveränderungen zwingen auch KMU (besonders wenn ihre Partner Großunternehmen sind) trotz hoher Kosten in die elektronische Geschäftsdatenkommunikation einzusteigen, da sonst die Geschäftsbeziehungen zu ihnen abgebrochen werden [BONN97, S. 44; DÖRF97b, S. 63], doch gerade auch KMU bietet EDI Vorteile. So ist bspw. erst durch EDI ein internationaler Handel, besserer Informationszugang oder bessere Unterstützung des Service und der Logistik möglich [KALA96, S. 344]. Hier bietet das Internet eine Alternative zum traditionellen Einsatz von VANs. So kostet einem Unternehmen das traditionelle VAN-EDI bei monatlich 25.000 Nachrichten ca. 20.000 US$. Das gleiche Übertragungsaufkommen im Internet würde Kosten von ungefähr 2.000 US$ verursachen. Jedoch bringt der Verzicht auf die VAN-Dienste auch Nachteile mit sich. So garantieren diese die Integration bestimmter Mehrwertdienste (wie Redundanz, Verfügbarkeit, Ausfallsicherheit oder Übertragungsgeschwindigkeit), die gerade bei operativen Daten von großer Bedeutung sind [BONN97, S. 44; JANI97, S. 47]. Generell ist die Nutzung des Internet sinnvoll, weil eine weltweite Verfügbarkeit gegeben ist, nahezu Realtime-Fähigkeit vorhanden ist, eine Verbindung zu Millionen potentiellen Geschäftskunden möglich ist, dynamisches Internet-Routing auch bei Teilausfall des Netzes garantiert, daß die Daten ihr Ziel erreichen, bereits verläßliche Produkte und Standards am Markt sind und die Zugangsmöglichkeiten sehr kostengünstig sind [DÖRF97a, S. 91].

2.1.1.3 Internetnutzung für EDI

Zunächst kann das *Internet als Transportmedium* zwischen den Geschäftspartnern genutzt werden [DÖRFb, S. 53f.; LIND97]. Folgendes Schaubild soll dies verdeutlichen:

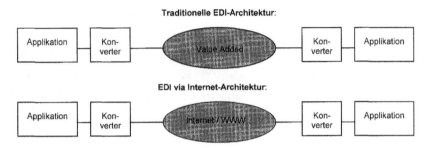

Abbildung 1: EDI-Architekturen: Traditionell und via Internet [LIND97]

Internet-Dienste (E-Mail und FTP) ersetzen die beim klassischen elektronischen Daten-austausch genutzten proprietären Protokolle OFTP (ODETTE File Transfer Protocol) und FTAM (File Transfer and Management) [LIND97]. Dadurch kann man Übertragungsko-sten einsparen, die Investitionen in Soft- und Hardware reduzieren und weniger Abspra-chen zwischen den Beteiligten sind notwendig [DÖRF97a, S. 92].

Bei einer Datenübertragung mittels FTP werden im Rahmen einer synchronen Verbindung zwischen den beteiligten Kommunikationssystemen EDI-Nachrichten über das Internet verschickt. Zu diesem Zweck müssen Vereinbarungen, wie bzgl. Benutzerkennung, Pass-wort, Dateiinformationen, Komprimierungs- und Kryptografieverfahren getroffen werden. Die FTP-Nutzung für EDI-Nachrichten eignet sich insbesondere für große Dateimengen und wenn hohe Datensicherheit relevant ist [LIND97; DÖRF97a, S. 93].

Eine andere Möglichkeit ist die Übermittlung der Daten als angehängte Datei (Attachment) einer E-Mail. Dieses ist die einfachste, kostengünstigste und weit verbreitete Art der Über-tragung. Der Unterschied zu FTP besteht darin, daß die Kommunikation asynchron nach dem store-and-forward-Prinzip erfolgt. Der Vorteil liegt in dem geringeren Absracheauf-wand, der höheren Flexibilität, in der Freiheit der Empfangsbereitschaft und in der Mög-lichkeit unterschiedliche Dateiarten auszutauschen [LIND97, DÖRF97a, S. 96].

Während bei E-Mail und FTP nur die EDI-Datenübertragung erfolgt, wird durch eine *World-Wide-Web-basierte EDI-Applikation* tiefgreifender in die EDI-Architektur eingegrif-fen. Die nachfolgende Abbildung soll dieses verdeutlichen:

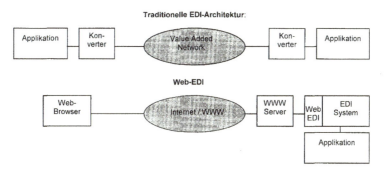

Abbildung 2: EDI-Architekturen: Traditionell und Web-EDI [LIND97; DÖRF97b, S. 54]

Die Dateneingabe erfolgt hier auf der Client/Spoke-Seite nicht mittels eines EDI-Systems, sondern durch Bedienung eines WWW-Browsers, der dem Benutzer ein Formular präsentiert. Die Informationen werden über das Internet an das Unternehmen (Host/Hub) geschickt und dort über einen WWW-Server und einen Konverter in das EDI-System übertragen. Dort erfolgt die Integration in das betriebliche Informationssystem (Inhouse-Applikation) und die entsprechende Prozeßautomation [LIND97; DÖRF97a, S. 96f.]. Eine Anwendung von Web-EDI ist sinnvoll, wenn Unternehmen den klassischen Geschäftsdatenaustausch mit kleinen und mittelständischen Unternehmen vornehmen, für den Austausch von Erstgeschäften und Anfragen, für Efficient-Consumer-Response-Anfragen, elektronische Produktkataloge, Vertriebs- und Serviceinformationen sowie Auftragsverfolgung [DÖRF97a, S. 103f.]. Will man das Potential des Web-EDI beurteilen, so muß man unterscheiden zwischen den Auswirkungen für das Hub- und Spoke-Unternehmen: Folgende Aspekte sind für den Hub vorteilhaft: Kleinere Partner, denen bisher aus Kostengründen EDI nicht möglich war, können elektronisch angebunden werden, langwierige Absprachen zwischen den Partnern sind nicht notwendig und es kann auf bestehende Web-Produkte und -Standards zurückgegriffen werden. Auf Seite des Spoke bedeutet Web-EDI einen kostengünstigen Einstieg in EDI, EDI-Know-how (EDIFACT) und die entsprechende Infrastruktur sind nicht erforderlich, interne Geschäftsprozesse bleiben weitgehend unberührt und eine Einarbeitung ist schnell realisierbar, weil elektronische Formulare entsprechend den schriftlichen Gegenstücken aufgebaut sind.

Jedoch ist kritisch anzumerken, daß ein Hauptziel von EDI – die automatisierte Integration der ausgetauschten Daten in die Inhouse-Anwendung ohne manuelle Eingriffe – nicht erreicht wird, denn die manuelle Eingabe stellt eine mögliche Fehlerquelle und einen Reduzierer der Prozeßgeschwindigkeit dar [LIND97; DÖRF97a, S. 96f. u. 102f.].

2.1.1.4 Extranet

Aus Gründen der Sicherheit und Performance haben sich in Deutschland bisher kaum Unternehmen für den EDI-via-Internet-Weg entschieden. So muß das Inhouse-System gegen den unbefugten Zugriff von außen geschützt werden. Es muß sichergestellt sein, daß der Inhalt der Nachricht nicht manipuliert wird, die Identität des Absenders eindeutig ist und die Datenpakete vollständig eintreffen. Schließlich ist problematisch, daß Daten im Internet verloren gehen können oder aufgrund der Infrastruktur auf langen, zeitintensiven Umwegen ihr Ziel erreichen. Dies kann gerade im Falle zeitkritischer Nachrichten zu betrieblichen Problemen führen. Eine Alternative stellt die Extranet-Lösung dar, die die Sicherheitsproblematik des Internet umgeht [NEUB97, S. 36]. Ein Extranet ist die Verbindung mindestens zweier unternehmensinterner Datennetze, die auf den Einsatz des Internet-Protokolls TCP/IP basieren (Intranet). Obwohl es sich über weite Strecken erstrecken kann, unterscheidet es sich vom offenen Internet, weil es einen Zugang nur für befugte Personen zuläßt. Über eine dedizierte Internet-Verbindung (Virtual Private Network) sind bspw. Einkaufs- und Vertriebssysteme miteinander verbunden und können Daten austauschen [GART97, S. 29; NACA98]. Anders als im weltweiten Internet ist die Bandbreite wesentlich höher und so ist auch der Einsatz von Visualisierungstools möglich. Die Notwendigkeit einer solchen Kommunikationslösung ergibt sich durch den erhöhten Koordinationsbedarf der Unternehmen [HAGE97, S. 213; OBER97, S. 65].

Als beispielhafte Anwendung soll an dieser Stelle das seit 1994 von den amerikanischen Autoherstellern Chrysler Corp., Ford Motor Co. und General Motors Co. eingeführte Extranet „Automotive Network Exchange" (ANX) genannt werden. Ausgangspunkt von ANX war der Mißstand, daß branchenweit die Geschäftspartner Informationssysteme betrieben, die nur bedingt nützlich, redundant und kostenintensiv waren. Dazu bediente man sich kostspieliger Individualsoftware, die oft veraltet und proprietär war. Zusätzlich zeichnete sich die amerikanische Automobilindustrie – ähnlich wie die deutsche – durch starkes Outsourcing aus. Der Anteil des Herstellers an der gesamten Wertschöpfung ging zu Lasten der Zulieferer stark zurück. Es kam zu einem kontinuierlichen Anstieg der Datenkommunikation zwischen den Unternehmen, doch die Unternehmensnetzwerke waren für diesen zwischenbetrieblichen Austausch nicht mehr geeignet [KIRC97; MAZU97]. Die genannten Hersteller werden durch ANX mit ihrem Zulieferer-Netz verbunden und reduzieren so die mit der Nutzung der VANs verbundenen Kosten [MOSK97]. Man erhofft sich, daß man durch die Nutzung des Extranet für die Nachrichten-Übermittlung durchschnittlich 71 US$ pro Kfz und branchenweit bis 2 Mrd. US$ jährlich einsparen kann. Weiterhin kommt es auch zu Auswirkungen in der Planung, dem Einkauf und der Logistik: Durch die verteilte Information ist es möglich, minutengenaue Nachfragevorhersagen zu erstellen, die Lagerhaltung zu reduzieren und die Läger besser auszunutzen [MOAD97a, S. 75; JONE97]. Der Konsument profitiert durch geringere Preise und bessere Qualität.

Ähnliche Projekte sind auch bei den Unternehmen Hewlett Packard, Compaq, IBM, und Fujitsu PC Corp. im Aufbau [MOAD97b, S. 86].

2.1.2 Business-to-Customer Transaktionen

Hier sind Informationssysteme, Marketing-, Vertriebs- und Serviceanwendungen zu nennen, die sich direkt an den Endverbrauchers wenden [KÖHL97a, S. 182]. Der Konsument greift dabei unter Nutzung eines Web-Browsers über das Internet auf das Business-System des Anbieters zu. Er kann bspw. einen Produktkatalog einsehen, Informationen zu Produkten und Dienstleistungen abfragen und anschließend eine Bestellung auslösen. Durch die Nutzung des Internet sind somit räumliche Restriktionen unerheblich [STRA97, S. 37].

Dieser Bereich des EC steht noch in den Anfängen, besitzt jedoch ein großes Potential. Zur Zeit jedoch werden erst sehr wenige Waren und Dienstleistungen durch EC verkauft [KALA96, S. 253, THOM97a, S. 10].

An dieser Stelle werden exemplarisch vier charakteristische Anwendungen dargestellt. Sie stellen eine typische Kategorisierung der EC-Applikationen dar. So kann man eine Unterscheidung bzgl. der Bedürfnisse der Konsumenten vornehmen [KALA96, S. 254f.].

2.1.2.1 Electronic-Banking

Die Entwicklung des Electronic-Banking begann 1970 in den USA als man Geldautomaten an öffentlichen Plätzen und in eigenen Filialen installierte. Es stellte sich schnell heraus, daß dieses Angebot aus Bequemlichkeitsgründen positiv angenommen wurde und die Bankinstitute Kosten einsparen konnten. Dies konnte verstärkt werden, indem man eine Vernetzung der heterogenen Bankennetzwerke einführte [KALA96, S. 256].

Diese erste Schnittstelle zwischen Konsument und Unternehmen wurde durch die Einführung des PCs als Interface zu Hause beim Kunden weiterentwickelt. Dieses ist mittlerweile auch schon sehr verbreitet und nicht nur einer technikbegeisterten Gruppe vorbehalten. Die Vorteile des Electronic-Banking sind die Möglichkeit, ein kleineres Filialnetz zu unterhalten, indem man Schalterkosten und dem Kunden einen besseren Service bietet. Auf

Kundenseite ist nach erfolgter Vertrautheit mit der neuen Technik, der Zeitspareffekt zu erwähnen. Technophobe Menschen lassen sich jedoch erst durch das Preisargument überzeugen. Hierfür müssen die Banken neben zweigleisiger Gebührenstruktur zusätzliche Anreize schaffen, denn schließlich muß der Kunde auch gewillt sein, einen Internetzugang zu unterhalten. Man kann nicht davon ausgehen, daß dies schon der Fall ist [KALA96, S. 260]. Trotz dieser negativen Aussage bleibt festzuhalten, daß gerade diese Form des EC in Deutschland am erfolgreichsten ist [ELLI97, S. 9].

Es ist abzusehen, daß Banken zukünftig auch Drittleistungen anbieten. Hier stellt man sich vor, daß der Kunde über den Server eines Geldinstitutes an weitere Anbieter wie bspw. Reiseanbieter, Fluggesellschaften oder Autovermietungen weiterverwiesen wird [KALA96, S. 257-259]. Eine andere Alternative wäre auch, daß die Bank selber ihr eigenes Angebot um die entsprechenden Dienstleistungen erweitert. Diese Gedanken sind jedoch noch nicht realisert und werden an späterer Stelle detaillierter besprochen.

2.1.2.2 Electronic-Shopping

Unter Electronic-Shopping versteht man folgende Situation: Ein Konsument besucht mittels seines PC und dem Internet einen virtuellen Markt. Das Angebot kann beliebig sein, indem es von Lebensmitteln und High-Tech-Geräten bis zu reinen Dienstleistungen (bspw. Reisevermittlung) reicht. Der Konsument trifft seine Kaufentscheidung am Bildschirm. Es erfolgt die Bezahlung und schließlich wird die Ware über das Internet oder auf physischem Wege geliefert. Entstanden ist die Idee des Electronic-Shopping durch das TV-Shopping im Jahre 1977. So wuchs der Umsatz in den USA hier auf 100 US$ im Jahre 1994 [KALA96, S. 264].

Das Electronic-Shopping im Internet tritt dabei als Angebot eines Anbieters oder als Sammlung verschiedener Anbieter unter einem Dach (und entsprechender einheitlicher Adresse) auf. Dieser Mallgedanke führt jedoch nicht zu dem erhofften Erfolg, da zu viele Malls existieren und die zu geringe Anzahl der Anbieter in den Malls nicht den gewünschten Cross-Selling-Effect hervorrufen [KALA96, S. 261; KÖHL97b, S. 44f.; HOFF97].

Electronic-Shopping muß jedoch nicht internetbasiert sein. Man kann es unterscheiden nach Offline- und Online-Anwendungen. Im ersten Bereich sind hier hauptsächlich Produktkataloge auf CD-ROM zu nennen. So bieten Unternehmen wie Otto oder Quelle dem Kunden für den Betrieb am eigenen PC den Service, offline das Angebot zu durchstöbern. Die Bestellung wird per Telefon oder traditioneller Post aufgegeben. Da dies einen Me-

dienbruch darstellt (das Unternehmen muß die Daten in das eigene System manuell eingeben) wird auch die Möglichkeit geboten, per Modem die Kundendaten und Bestellwünsche
zu übertragen [MERT96a, S. 4].

Ein Mittelweg zu den Online-Angeboten stellen die zunächst in den USA eingeführten
Kiosk-Systeme. Sie bieten die gleiche Funktionaltät und richten sich an Kunden, die zu
Hause nicht über das entsprechende Equipment verfügen oder wartend an öffentlichen
Plätzen (wie Bahnhof oder Flughafen) Zeit für Informationsanfragen oder einen entsprechenden Kauf haben. Diese Systeme sind meistens CD-ROM basiert (wegen des hohen
Speicherbedarfs) und erlauben die direkte Übertragung der Kunden- und Auftragsdaten auf
elektronischem Wege [KALA96, S. 264]. Diese Anbindung hat den Vorteil, daß auf dem
lokalen Datenträger die speicherintensiven aber zeitunkritischen Daten gehalten werden
können, während temporär anzupassende Daten über das Netz kurzfristig eingespielt werden können [MERT96a, S. 5]. Als Beispiele sind die in den in den Warenhäusern des Karstadt-Konzerns befindliche Point-of-Information-Systeme „Music-Master" und „Styling"
zu nennen [HURA95, S.152f.; KARS98].

Der Nutzen für das Unternehmen ist die Eliminierung der Papierkataloge und eine bessere
Möglichkeit auf Änderungen (auch Druckfehler) zu reagieren. Für den Kunden ist neben
der Bequemlichkeit des Einkaufens und den nicht vorhandenen Ladenschlußzeiten zu erwähnen, daß es vorteilhaft ist, wenn die zusätzlichen Möglichkeiten, die das neue Medium
bietet, genutzt werden (bspw. Animationen bei Kleidung oder Audiounterstützung bei
Tonträgern). Doch auch bei der Nutzung des Internet werden z. Zt. meistens nur traditionelle Produktkataloge publiziert (Electronic Product Catalog) [KALA96, S. 264]. Insofern
wird das Potential (Zusatznutzen für den Konsumenten) noch nicht genutzt
[MERT96a, S. 35]. Schließlich sind Preisvorteile für die Unternehmen nicht zu verachten,
doch diese müssen auch an den Kunden weitergegeben werden [KALA96, S. 264]. So ist
bspw. der große Erfolg des amerikanischen Buchvertriebes Amazon zu begründen
[HEWS97b].

Charakteristisch für das heutige Electronic-Shopping ist, daß der Konsument das Güteran-
gebot eines Anbieters betrachten kann, jedoch ein Alternativenvergleich kaum geboten
wird. Es wäre denkbar, daß der Konsument eine Anfrage in gewohnter (dem Menschen
vertrauter) Sprache für den Kauf einer Ware an einen mobilen Software-Agenten stellt und
dieser im Auftrage des Kunden die verschieden Homepages und den darin enthaltenen Pro-
duktkatalogen entsprechend der Anfrage durchsucht [MERT96a, S. 20]. Abschließend wird

ein Report erstellt, der die verschiedenen Alternativen sowohl in Produktbeschreibung und -eigenschaften als auch Preis gegenüberstellt. Der Konsument kann nun seine Wahl treffen und ist sicher, daß die Auswahlbasis umfangreicher ist als wenn er auf den Agenten verzichtet hätte. Bei einer erneuten Suche greift der Agent auf frühere Aufträge zurück und kann so den Suchvorgang qualitativ aufbessern. [KALA96, S. 263].

2.1.2.3 Electronic-Entertainment

Die Kategorie des Entertainment soll hier gesondert aufgeführt werden, weil sie sich trotz Gemeinsamkeiten vom Electronic-Shopping abgrenzt: Es handelt sich hierbei ebenso um den Erwerb eines Produktes unter Nutzung eines Datennetzes. Der Konsument soll in der Lage sein, entsprechend seiner Wünsche ein Produkt (bspw. einen Spielfilm) auszuwählen und dieses über das Internet oder TV-Kabel zu konsumieren. Die Schlüsseleigenschaft ist, daß er die Kontrolle darüber hat, was, wann und wo er das Gut verbrauchen will. Prinzipiell muß man zwei Kategorien unterscheiden: Bei Entertainment-on-demand kann man ein Produkt abrufen. Bei interaktivem Entertainment hat man zusätzlich die Möglichkeit, auf das Geschehen (bspw. die Handlung im Spielfilm oder besser bei den Aktionen eines Video-Games) Einfluß zu nehmen. So ist auch Entertainment zwischen entfernten Personen möglich [KALA96, S. 265].

Dem Electronic-Entertainment im Business-to-Customer-Bereich wird ein hohes Wachstumspotential zugesprochen, jedoch sind auch Zweifel angebracht: Seit 1980 sind hier nur ca. 100 Mio. US$ umgesetzt worden und die Zielgruppe ist schwer zu erreichen. So möchte die Industrie die Haushalte ansprechen, die über ein höheres Einkommen verfügen. Doch gerade hier sind Gerätschaften wie Kabel-TV, Videorecorder oder Spielekonsolen weit verbreitet. Und es erscheint fraglich, ob diese Zielgruppe geneigt ist, Ausgaben zu tätigen, um anschließend Produkte zu konsumieren, über die sie in ähnlicher Form schon heute verfügen können. So müßte ein Haushaltsvorstand mehrere tausend DM investieren, um ein Großbild-Fernsehgerät zu erwerben, welches ihm das gleiche Vergnügen wie ein Kinobesuch bietet [KALA96, S. 267 u. S. 269].

Ein weiteres Erschwernis ist neben der fehlenden Hardwareausstattung auch die mangelnde Infrastruktur (zumindest bzgl. der Internetnutzung). Und solange die traditionelle Struktur ertragsbringend ist, ist nicht davon auszugehen, daß gerade diese Unternehmen in neue Absatzkanäle investieren. Es müssen neue Unternehmen aktiv werden und so die großen Unternehmen zum Reagieren zwingen. Die Attraktivität könnte man steigern, indem man einen Mehrwert erzeugt [KALA96, S. 268f.].

2.1.2.4 Electronic-Information

Kennzeichnend für diese Kategorie ist, daß auch hier Produkte und Dienstleistungen über Datennetze angeboten und im Falle digitaler Eigenschaft auch geliefert werden, doch der Unterschied liegt darin, daß in der Regel der monetäre Wert der Information sehr gering ist. Bspw. würde die Gebühr für die Übermittlung eines Zeitungsartikels so gering sein, daß ein traditioneller Geldtransfer nicht wirtschaftlich wäre. Der Grund liegt darin, daß Aspekte wie bspw. die Prüfung der Bonität des Konsumenten, damit die Transaktion zustande kommt, sich zu den Kosten hinzuaddieren würde, so daß die Kosten den eigentlichen Wert des Transfers übersteigen. Somit macht die Verrechnung von Kleinstbeträgen heute noch keinen ökonomischen Sinn und findet zur Zeit kaum statt, jedoch sind Ansätze, die auf eine Techniketablierung zielen, vorhanden und besitzen ein großes Erfolgspotential [KALA97, S. 269f].

2.1.3 Government-to-Customer/-Business Transaktionen

Die bisher dargestellte Typologie bezog sich auf die Kommunikation unter Beteiligung von Unternehmen. Selten wird jedoch der Staat als Teilnehmer im EC beschrieben. Dabei sind die Möglichkeiten vielfältig. So ist die Beziehung Staat-Bürger und Staat-Unternehmen, aber auch Staat-Staat zu unterscheiden. Der Bürger kann als Teilnehmer in Fragen der Steuern, Transferleistungen, der Abwicklung von Wahlen und einfache Serviceleistungen der Stadtverwaltung (wie Beantragung eines Personalausweises) auftreten. Ein erhebliches Potential für EC-Anwendungen ist im Bereich der Unternehmen-Beteiligung im Bereich öffentlicher Ausschreibungen, Auftragswesen und Übermittlung statistischer Daten vorhanden. Schließlich ist auch eine engere und effizientere Zusammenarbeit zwischen den Regierungsstellen möglich [KÖHL97a, S. 182].

2.1.4 Community of Interest Networks (COIN)

Anders als bei einfachen Kaufabwicklungen zwischen zwei Beteiligten (Anbieter-Kunde) stehen hier komplexe Geschäftsprozesse im Vordergrund. Dabei sind mehrere Marktteilnehmer beteiligt und haben ein gemeinsames Interesse an dem beabsichtigten Geschäftsabschluß [THOM97a, S. 11]. Auf diesen Bereich des Electronic Commerce wird an späterer Stelle in detaillierter Form eingegangen.

2.1.5 Customer-to-Customer Transaktionen

Bislang von untergeordneter Bedeutung sind die wirtschaftlichen Beziehungen zwischen privaten Haushalten. Der Austausch von E-Mails ist im privaten Bereich in den letzten Jahren stark angestiegen, doch fehlt hier der kommerzielle Aspekt, so daß nur eingeschränkt von EC gesprochen werden kann. Einen Ansatz bieten die elektronische Kleinanzeigenmärkte, welche durch Verlage als Mittler organisiert werden und auf diese Weise Transaktionen im rein privaten Bereich ermöglichen [THOM97a, S. 12; KÖHL97a, S. 182].

2.1.6 Intraorganisationelle Kommunikation

Eine weitere Nutzung von Electronic Commerce ist die Kommunikation innerhalb eines Unternehmens bzw. -verbundes. Dabei sollen den Unternehmensteilen und Beschäftigten ein Zugriff auf Informationen ermöglicht werden, so daß die Geschäftsprozesse unterstützt werden [KALA97, S. 19]. Ausgangspunkt dieser Kategorie ist die Bedeutung des Produktionsfaktors **Information**. Man versteht unter diesem Begriff zweckorientiertes, nutzbares Wissen, welches den Zweck hat, das Handeln zu verbessern [HEIN96, S. 7; KUHL96, S. 34]. Der Produktionsfaktor Information wird angesichts der wirtschaftlichen Arbeitsteilung und der verstärkt zu beobachtenden Verringerung der Fertigungstiefe immer wichtiger. Durch den verstärkten Wettbewerbsdruck, den die Unternehmen ausgesetzt sind, sind sie gezwungen, die innerbetrieblichen Geschäftsprozesse zu verbessern. Das Dilemma gerade in großen Unternehmen ist, daß in der Regel Informationen im großen Maße vorhanden sind, doch der einzelne nicht über diese verfügen kann: So weiß man bspw., daß die gesuchte Information existiert, aber man hat von dem Ort keine Kenntnis, die Information ist nicht zugänglich oder in einem nutzlosen Zustand. Hieraus läßt sich die Notwendigkeit eines Informationssystems erkennen [SCHÄ97, S. 1f. u. 5f.].

An dieser Stelle soll auf Groupware-Anwendungen und die Netzinfrastuktur in Form eines Intranet eingegangen werden.

2.1.6.1 Groupware

Groupware ist dem Oberbegriff Computer Supported Cooperative Work zuzuordnen. Dieses interdisziplinäre Forschungsgebiet befaßt sich mit der Frage, auf welche Weise Individuen in einem Team zusammenarbeiten und wie man dabei Informations- und Kommunikationstechniken einsetzen kann [TEUF95, S. 17]. Die hier genutzten Softwaresysteme (teilweise auch spezifische Hardware), die die Gruppenarbeit unterstützen, nennt man Groupware [TEUF95, S. 22]. Es wird eine prozeßorientierte Unterteilung vorgenommen:

Das Workgroup-Computing soll eine Gruppe, die gleiche Informationen nutzen, bei schwach strukturierten Prozessen unterstützen. Dieses erfolgt in der Regel durch E-Mail, Terminkalender (mit Automatisierung im Sinne von Einladung der anderen Teilnehmer), Nutzung gemeinsamer Datenbanken (für Richtlinien, Produktbeschreibungen oder Arbeits-anweisungen), Konferenzsysteme oder Entscheidungsunterstützungswerkzeuge.

Die zweite Kategorie bezeichnet man als Workflow-Management-Systeme (WFMS) [SCHN97, S. 73 u. S. 211]. Ein Workflow verbindet die einzelnen Prozeßaufgaben zu ei-nem Ablauf und bestimmt, wer mit welchen Mitteln und Informationen diesen Prozeß durchführt [HALT96, S. 174]. Ein WFMS stellt ein Informationssystem dar, das die strukturierten Arbeitsprozesse (Routinearbeiten) unterstützt, steuert und koordiniert.

Die letzte Gruppe umfaßt Dokumenten-Managementsysteme (Verwalten nicht-codierter In-formationen), die durch ihren unterstützenden Charakter der Vorgangssteuerung auch den Groupware-Systemen zugeordnet werden. Hierunter versteht man das elektronische Erfas-sen, Speichern, Wiederfinden, Verarbeiten, Verteilen und Drucken von betrieblichen Do-kumenten [HEIN96, S.10; STAH97, S. 455].

Das mit Abstand populärste Groupware-Produkt ist Lotus Notes. Es umfaßt ein Doku-mentenmanagementsystem, das zusätzlich E-Mail-Anwendungen, gemeinsame Dokumen-tenablage, Online-Formulare und Datenbank beinhaltet [SCHÄ97, S. 41; GÖTZ93, S. 443]. Es wurde jedoch deutlich, daß der Einsatz von Groupware-Systemen nicht die alleinige Lösung für die Gruppenkoordination ist, denn viele Unternehmen haben von Notes abgesehen, weil neben intensiven Know-how-Erwerb und einer großzügig bemesse-nen Einarbeitungsphase für einen sinnvollen Einsatz auch eine umfassende Neustrukturie-rung der Geschäftsprozesse notwendig ist. Die proprietäre Anwendung hat sich mittler-weile mit den Systemen InterNotes und Lotus Domino verstärkt der Internet-Technik ge-öffnet. Es wurden Schnittstellen geschaffen, die auch eine „Ansteuerung" von einem WWW-Browser aus einem Intranet über einen WWW-Server möglich machen [SCHÄ97, S. 41 u. 46f.].

2.1.6.2 Intranet

Als ein Intranet bezeichnet man eine unternehmensinterne Netzinfrastruktur, die auf dem Internet-Protocol (IP) basiert und somit die technischen Elemente des Internet beinhaltet.

Gegenüber dem öffentlichen Internet unterscheidet sich das Intranet in den Punkten Sicherheit, Qualität und Benutzergruppe. So trennt man das Intranet mittels Firewall-Systeme
vom globalen Internet und kann so einen Angriffsschutz von außen und Datenschutz nach
innen und außen gewährleisten. Durch die begrenzte Netzstruktur ist es möglich, die Band-
breiten der Datenleitung entsprechend der Nutzung auszubauen und datenintensive Anwendungen zu ermöglichen. So ist man in der Lage, das Intranet für multimediale Zwecke
zu nutzen. Ein Multimedia-System wird definiert als ein Querschnittsystem, daß mindestens ein statisches (z. B. Texte oder Grafiken) und ein dynamisches (z.b. Video- oder
Audiosequenzen) Medium vereint [STAH97, S. 457f.]. Im Intranet kann man Videokonfe-
renzen oder virtuelle Dokumentenbearbeitungen (Application Sharing) durchführen. Es ist
geprägt durch die Begrenzung auf eine ausgewählte Benutzergruppe. Dieses kann unter-
nehmensweit, auf den Unternehmensverbund oder eine Projektgruppe bezogen sein. Wird
die Gruppe auch auf unternehmensexterne Gruppen wie Zulieferer oder Kunden erweitert,
so spricht man von einem Extranet [CORD97, S. 220f.; o.V.97a].

Das Entwicklungspotential eines Intranet verdeutlichen diese Zahlen: 1998 wird erwartet,
daß durchschnittlich im Verhältnis 4:1 in Intranet-Technik gegenüber der Präsenz im Internet investiert wird und 1997 setzten bereits 70% der deutschen Unternehmen ein Intranet
ein [CORD97, S. 232]. Es wird geschätzt, daß dieses Investitionsvolumen in diesem Jahr
weltweit 30 Mrd. US$ und allein für Deutschland im Jahre 2000 1,7 Mrd. DM beträgt.
Diese enormen Investitionen amortisieren sich jedoch durch die erhöhte Effizienz in der
Zusammenarbeit oftmals schon nach nur 12 Wochen [MATT97, S. 158f.; o.V.97a].

Die Intention einer Intranet-Implementation liegt zunächst im Informationsangebot für die
Mitarbeiter sowie den kurzen Antwort- und Transaktionszeiten. Dadurch möchte man die
interne Effizienz steigern, interne Abläufe verbessern und den Kundenkontakt qualitativ
aufwerten [CORD97, S. 225]. Dabei liegt das größte nutzbare Potential gerade bei global
agierenden Großunternehmen, weil dort erfahrungsgemäß die Informationskanäle langsam
und ineffizient sind sowie die Personalressourcen über große Distanzen koordiniert werden
müssen [SCHU96; MATT97, S. 161].

Durch den umfassenden und schnellen Informationszugang ist es den Unternehmen möglich, neue Managementansätze – wie Time-to-Market, Business Process Management oder
Materialgruppenmanagement – zu verwirklichen [MATT97, S. 164].

Die Nutzung eines Intranet orientiert sich an dem Maße des Ausbaus der Infrastruktur:

Tabelle 1 : Intranet-Ausbau-Stufen [SCHÄ97, S. 9; MATT97, S. 163]

Unternehmens-interne Kommunikation	Verwirklichung des papierlosen Büros: Elektronische Kommunizieren bzw. Verteilen von Nachrichten und Daten nach dem Prinzip des Information Pushing (gezieltes Verschicken von Informationen)
Unternehmens-interne Information	Plattformunabhängiger Zugriff für Mitarbeiter auf Unternehmensinformationen (bspw. Mitarbeiterressourcen, Prozeßbeschreibungen oder Speisepläne) nach dem Prinzip des Information Pulling. Vorteil: Zeiteinsparpotential, reduzierte Material- und Verteilkosten
Unternehmens-interne Kooperation	Plattform für Kommunikations- und Kooperationsaufgaben. Einsatz ermöglicht einem Projektteam, Ideen zu diskutieren, virtuelle Meetings abzuhalten und Neumitglieder schneller einzuweisen.

Ein besonderes Merkmal eines Intranet ist die Möglichkeit, über eine einzige, leichtbedienbare Benutzerschnittstelle (Web-Browser), die ihrerseits auf verschiedenen Betriebssystemen (Unix, Windows usw.) installiert sein kann, auf eine heterogenen Datenbestand zuzugreifen und somit verschiedene bestehende Computersysteme auf einer einheitlichen Ebene miteinander zu verbinden [o.V.97a; MATT97, S. 161]. In der Praxis wird dieses bereits schon – wie im vorigen Kapitel angedeutet – für die Migration von Groupware-Anwendungen genutzt. Weitere Wege sind auch für SAP R/3, objektorientierte Datenbanken, EDI-Systeme oder veraltete DV-Systeme bereits beschritten worden. Dabei erfolgt jeweils ein vermittelter Datenbankzugriff über einen WWW-Server. Dieses hat den Vorteil, daß man zu einem kompletten Informationsmanagement gelangt und neben der Kostenersparnis auf Seiten der Software auch die Wartung der Clients einfacher ist [CORD97, S. 227-231].

Die Nutzung der Potentiale eines Intranet ist abhängig von der Verhaltensweise und Akzeptanz der Benutzer. Im Bereich der Mitarbeiterebene wird das Medium in Regel eher angenommen (Prinzip der Informationsdemokratie) als im mittleren Management. Dort sieht man das Intranet als Bedrohung und Weg zur Veränderung der Informationshierarchie. Diese Barriere läßt sich reduzieren, in dem man Informationen nur noch auf dem elektronischen Wege zugänglich macht und auf organisatorischem Wege erwartet, daß diese aufgenommen werden. Schließlich wird man auch noch mit dem Problem des Informationsüberflusses und -verwässerung konfrontiert. Es ist darauf zu achten, daß das Intranet so gesteuert wird, daß die Funktionalität erhalten bleibt und es als Hilfsmittel für das Unternehmen eingesetzt wird [MATT97, S. 165-167].

2.2 Chancen und Möglichkeiten des Electronic Commerce

Nachdem bisher dargestellt wurde, was man unter EC versteht und dieses durch beispielhafte Anwendungen nähergebracht wurde, soll an dieser Stelle gezeigt werden, welche Potentiale der elektronische Handel den Beteiligten bieten kann. Diese werden zunächst für die Unternehmen dargestellt. Anschließend wird auf die spezifischen Vorteile für die Konsumenten eingegangen:

2.2.1 Potentiale für Unternehmen

Die Punkte, die hier zu nennen sind, sind sehr vielfältig. Aus diesem Grunde wird auf eine reine Auflistung vezichtet und die Vorteile des EC für Unternehmen in 4 Hauptgruppen zusammengefaßt:

2.2.1.1 Kostenreduktion

Ausgangspunkt ist hier die Transaktionkostentheorie [COAS37, S. 390f.; WILL75]. Diese sagt aus, daß jede Transaktion (Übertragung von Verfügungsrechten) mit Kosten für Information und Kommunikation für Anbahnung, Vereinbarung, Abwicklung, Kontrolle und Anpassung eines beabsichtigten Leistungsaustausches verbunden ist. Diese Transaktionskosten können entsprechende Werte für die Zeit und Mühe für die Anbahnung und Abwicklung darstellen. Als Koordinationsform kommen der Markt, die Unternehmenshierarchie und verschiedene Zwischenformen in Betracht [PICO96, S. 39-41; COAS37, S. 390-392]. Dadurch, daß die Inanspruchnahme des durch Preise koordinierenden Marktmechanismus mit resultierenden Kosten verbunden ist, versuchen Unternehmen diese zu meiden, indem sie die Leistungen innerhalb des eigenen Unternehmen oder durch eine auf Absprache beruhende, enge Zusammenarbeit mit anderen Unternehmen (marktfreie Koordination=Kooperation) erstellen. Diese Umgehung des Marktes wird dann gewählt, wenn die Transaktionskosten für die Marktinanspruchnahme höher sind als die der alternativen Regelung [COAS37, S. 391].

Die Höhe der Kosten wird u. a. dadurch beeinflußt, daß die Informations- und Kommunikationssysteme bisher nicht effektiv genug sind und so – bspw. hohe Erfassungs- und Verwaltungskosten ausgetauschter Geschäftsdaten – großen Einfluß haben. Neue Technologien, wie bspw. das Internet, bieten ein Kommunikationsmittel, das die Transaktionkosten, die sich über die gesamte Wertschöpfungskette des Handels erstrecken, reduziert und so die Kommunikation effektiver gestaltet und diese Kette strukturell verändert. So wird die Kommunikation zwischen den beteiligten Unternehmen verbessert und Direktverkauf (Überspringen einer Handelsstufe) oder Ersatz der Kooperation durch Marktinanspruchnahme möglich [LOHR97; PORT90, S. 42f.]. Dieser Aspekt wird weiterhin dadurch verstärkt, daß die Technologie zukünftig den traditionellen Medien durch multimediale Darstellung und hypermediale Präsentation überlegen ist und gerade im Zuge der Entwicklung einer Verstärkung des servicelastigen tertiären Wirtschaftssektors das Produkt Information und sein Transport von essentieller Bedeutung sein wird [KNÜP97, S. 68f., HOLL94].

2.2.1.2 Verbesserung der Informationsflüsse

EC verbessert die Informationsflüsse in den folgenden Bereichen:

Marketing und Vertrieb: Neben einer reinen Kostenreduktion bewirkt EC, daß die Zeit für eine Transaktion reduziert wird. Durch jeden Kundenkontakt erhalten Unternehmen Kundenprofile, die sie für weitere Aktivitäten nutzen können. Somit ist es möglich, Produkte wesentlich besser an die Wünsche der Konsumenten auszurichten. Hiermit haben Unternehmen die Möglichkeit, nicht mehr anhand ihrer Produktpreise, sondern mehr durch die Spezifität und Qualität der Produkte gemessen zu werden. So spielt der Preis für einen Konsumenten, der über das Internet einkauft, eine untergeordnete Rolle. Entscheidend sind vielmehr Qualität, Zweckmäßigkeit (entsprechend der eigenen Bedürfnisse) und Bequemlichkeit beim Einkauf. Schließlich können Unternehmen ihre Produkte weltweit kostengünstig anbieten und Kunden direkt ansprechen, aber auch der Kunde kann die bequeme Alternative der asynchronen Kommunikation wählen [HOFF97, S. 34-36; GUPT95]. Schließlich ist das Internet eine sehr effizientes Medium, um das eigene Image in der Außenwelt zu pflegen und auf diese Weise Eigenwerbung zu betreiben [PAWL97, S. 27].

Management: Die zentralen Aufgaben des Managements (Planung, Anweisung, Mitarbeiterführung, Organisation und Kontrolle) basieren auf einen intensiven Informationsfluß. Diese können durch EC sowohl intern als auch extern effizienter gestaltet werden. So ist eine weltweite und unmittelbare Kommunikation mit Individuen und Anwendungssystemen sowie eine Informationsrecherche (bspw. Erweiterung der eigenen Produktpalette durch bessere Marktbeobachtung) möglich und Reise-/Kommunikationskosten werden eingespart [PAWL97, S. 26; THOM97a, S. 7].

Transportlogistik: Durch EDI ist eine Integration der Geschäftsdaten und eine bessere Abwicklung der Geschäftsprozesse möglich. Im Endverbraucherbereich ist es für die Unternehmen von Vorteil, daß die Konsumenten bereits am PC Daten formularbasiert eingeben und diese anschließend nur noch verarbeitet – aber nicht mehr neu in die Systeme eingetippt – werden müssen. Weitere Anwendungsbereiche sind Trackingsysteme, die die Sendungsverfolgung von Warentransporten ermöglichen und die Möglichkeit, Waren elektronisch zu verkaufen und – falls dafür geeignet – elektronisch auch auszuliefern [THOM97a, S. 7; HALC97].

Forschung und Entwicklung: Neben dem internationalen und kostengünstigen Austausch von Informationen besteht die Möglichkeit, auf entfernt befindliche elektronische Archive und Datenbanken zuzugreifen. Weiterhin kann man organisationsübergreifend in Forschungs- und Entwicklungsgemeinschaften zusammenarbeiten und so Kräfte bündeln [THOM97a, S. 7].

2.2.1.3 Verbesserung der Marktaktivitäten

Durch die Möglichkeit, weltweit elektronisch präsent zu sein und Geschäftsdaten über große Entfernungen auszutauschen, ist es einfacher, auf neuen Märkten aktiv zu werden bzw. die Aktivitäten zu verbessern und Produktkataloge schneller zu aktualisieren sowie entsprechend den neuesten Kundenwünschen anzupassen [o.V.97b]. So kann man auf einfache Weise in neue (bisher unerreichbare) Märkte und -segmente eindringen und den internationalen Kunden Support anbieten. So erlaubt EC eine Marktpräsenz 24 Stunden am Tag und 7 Tage in der Woche. Schließlich können die Unternehmen die Produkte durch eine Umgehung oder zumindest Reduzierung des Zwischenhandels ihre Produkte schneller und preisgünstiger den Konsumenten anbieten [HOFF97, S. 35f.; HART97, S. 179]. Gerade die Loslösung von geographischen Nachteilen bietet kleinen und mittleren Unternehmen (KMU) die Möglichkeit, in anderen räumlichen Dimensionen aktiv zu werden. Dadurch kann gerade der deutsche Mittelstand seine Standortnachteile durch EC ausgleichen und seine geographische und zeitliche Präsenz ausweiten. Die flexiblen Organisationen dieser Unternehmen befähigen sie dabei für EC [PAWL97, S. 25; SCHW97a, S. 174-179].

2.2.1.4 Erhalt und Verbesserung der Wettbewerbssituation

Strategien wie bspw. Just-in-Time, Virtuelle Unternehmung, Total-Quality-Management usw. haben zum Ziel, Wettbewerbsfaktoren wie Schnelligkeit, Kostenreduktion, Qualität und Fehlerreduzierung zu erreichen. Notwendig hierfür ist jedoch ein funktionierender, integrierter Informations- und Geschäftsfluß. EC bietet mit den Informations- und Kommunikationsanwendungen die Möglichkeit eines intensiven Informationsflusses über Abteilungs- und Unternehmensgrenzen hinweg und eine medienbruchfreie Datenverarbeitung [THOM97a, S. 8].

2.2.2 Potentiale für Konsumenten

Viele der im letzten Kapitel behandelten Punkte haben entsprechende Auswirkung auf die Konsumenten, doch es gibt auch einzelne Aspekte, die speziell aus Kundensicht zu beachten sind:

* Der hauptsächliche Vorteil für den Kunden ist, daß er sich sehr schnell und besonders umfangreich mit Informationen eindecken kann, die für ihn kaufentscheidend sind. Dementsprechend ist der Informationszugang der wichtigste Grund für Menschen das Internet zu nutzen [GUPT95]. Dieser Aspekt wird noch verstärkt durch die Eignung des Mediums für interaktive Kontakte mit den Unternehmen und die dadurch verursachten konsumentengesteuerten Marketing- und Produktentwicklungsaktivitäten [HALC97].

* Hierauf aufbauend ist es für den Kunden besser möglich, die Angebote der Anbieter zu vergleichen. Dadurch wird der Markt für ihn transparenter und er trifft seine Kaufentscheidung aufgrund einer besseren Wissensbasis [HART97, S. 183].

* Durch diese Vergleichsmöglichkeit müssen die Unternehmen kostengünstig produzieren und sich durch Qualitätsmerkmale von der Konkurrenz abheben. Dem Konsumenten bietet dieses den Vorteil, daß die Produkte kostengünstiger, qualitativ hochwertiger, individuell und in einer größeren Vielfalt angeboten werden [HALC97].

* Die technischen Möglichkeiten bieten die (bisher kaum genutzte) Aussicht, dem Kunden einen Zusatznutzen zu bieten. So kann man das Verhaltensmuster der Nutzer dazu verwenden, entsprechende Begleitprodukte anzubieten oder auch anbieterübergreifende Preis- und Qualitätsvergleiche für den Kunden durchzuführen. Man würde demnach dem Kunden die Arbeit der Recherche abnehmen und ihm so eine echte Produktberatung (abhängig von seinen Präferenzen) offerieren [HART97, S. 182].

* Schließlich sind noch folgende Aspekte zu nennen: 24-Stunden-Verfügbarkeit, Zugriff auf internationale/weltweite Angebote, individuelle Selektionsmöglichkeit, Zeitersparnis, Kostenvorteil (besondere Angebote für Internetkunden wie bspw. bei dem Buchversandhandel Amazon), Online-Surfen liegt im Trend, Bequemlichkeit, ausführlichere Produktinformationen und direkter Kontakt zum Anbieter [PAWL97, S. 27].

2.3 Akzeptanz und Probleme des Electronic Commerce

Die Zahl der potentiellen Kunden für EC nimmt täglich zu. So wird geschätzt, daß im Jahre 2000 in USA und Kanada 38,2 Mio. Haushalte an das Internet angeschlossen sein werden und 16,5 Mio. bereits in Europa [JUPI97]. Doch das Internet wird meist nur dazu genutzt, sich zu informieren. Die Zurückhaltung zeigt sich dadurch, daß nur 0,5 bis 1 Prozent der Besucher eines erfolgreichen Anbieters eine Bestellung abschließen [HART97, S. 180]. Die Gründe werden nachfolgend aufgeführt:

- Die Inhalte sprechen den Kunden nicht an. Dieses liegt oft daran, daß der Anbieter bisher wenig Informationen über die Zielgruppe hat, die er über das Internet erreichen kann. So ist es ein Fehler, in einfacher Form die ursprünglichen Produktkataloge (Printversion) zu elektronisieren und ins Web zu stellen. Es stellt sich heraus, daß der Kunde das nicht-elektronische Angebot vorzieht. Dieses kann man ändern, indem man dem Konsumenten einen Zusatznutzen (Mehrwert) anbietet, den er nur über das Internet erhalten kann. Desweiteren muß man den EC-Kunden auf eine andere Weise ansprechen, weil es sich hierbei nicht um einen Ersatzmarkt handelt, sondern um einen Zusatzmarkt bzw. neuen Absatzkanal [HART97, S. 180f.; HEWS97a].

- Viele Produkte lassen sich am besten beschreiben, wenn man dieses auch optisch unterstützt. Doch die heutige Infastruktur des Internet zeichnet sich durch häufige Überlastung aus. Daher ist es nicht möglich viele Bilder, Fotos und Grafiken zu präsentieren. Dieses führt dazu, daß entweder die Produkte nicht verkaufswirksam präsentiert werden können oder der potentielle Kunde frustriert durch lange Wartezeiten zu einem anderen Anbieter wechselt. Es ist jedoch zu vermerken, daß die bestehende Infrastruktur in großen Schritten ausgebaut, doch stellt sich die Frage, ob diese Entwicklung mit dem fortschreitenden Benutzerzuwachs mithalten kann [PAWL97, S. 28; HOFF97].

- Ein Vorteil des EC ist, daß dem Konsumenten die Möglichkeit geboten wird, bequem von daheim einzukaufen. Dieser Reiz wird jedoch von vielen Unternehmen genommen, weil man den eigenen Internet-Auftritt zu zaghaft angeht. So werden nur halbherzige und wenig aussagekräftige Seiten erstellt. Dieses liegt darin begründet, daß sich die Anbieter auf einem unsicheren Gebiet bewegen: Man weiß nicht wer die Internetbenutzer sind, wie ihr Kaufverhalten sein wird und welche Kosten auf den Anbieter zukommen. Geringe EC-Investitionen bewirken ein unattraktives Angebot, das nicht die erhofften Umsätze produziert [HART97, S. 178, HOFF97].

- Heutzutage werden über das Internet in der Regel Produkte im mittleren Preisbereich vertrieben. Doch man sieht ein großes Potential auch für Niedrigpreisprodukte (einfache digitale Güter wie Datenbank-Information oder Zeitschriftenartikel). Heute existieren jedoch noch keine marktfähigen Zahlungsverfahren für diesen Micropaymentbereich. Erste Ansätze wie DigiCash, CyberCash und eCash sind in der Entwicklung. Hier wird man sich erst noch auf eine Kompatibiltät und einen Marktstandard einigen müssen. Dieses wird wahrscheinlich in Kürze geschehen. Hochpreisgüter wie Immobilien oder Kraftfahrzeuge werden auch in Deutschland zwar im Internet angeboten, doch der Geschäftsabschluß erfolgt auf traditionellem Weg. Hindernis ist hier die Gefahr einer finanziellen Transaktion über das Internet in nicht-verschlüsseltem Datenzustand [SCHI97, S, 23f.; MOUG97]. Auch hier sind intensive Entwicklungen zu beobachten. So wird der von den Unternehmen Mastercard und Visa initiierte SET-Standard (Secure Electronic Transaction) genutzt werden, um die Bezahlungsabläufe mit Kreditkarten, EC-Karten oder Kundenkarten verschlüsselt über das Internet abzuwickeln – bspw. hat das Online-Kaufhaus My-World des Karstadt-Konzerns bereits im Juli 1997 begonnen, Kreditkartenzahlungen mittels SET durchzuführen [MAST97; LAMP97, S. 57f.].

- Viele Produkte, die im Internet angeboten und sogar vielfach in elektronischer Form vertrieben werden könnten, werden nicht ins Web gestellt, weil die Anbieter befürchten, daß dieses negative Folgen für das traditionelle Angebot haben könnte. Es ist hier nicht möglich, den Konsumenten über die Produktqualität angemessen zu informieren und man müßte die Ware zu einem günstigeren Preis anbieten, weil die fehlende Information den hohen Preis nicht rechtfertigt. Das Resultat ist, daß der Anbieter seine Produkte nicht im Internet offeriert [WHIN97, S. 35-37].

- Die Potentiale des EC werden erst verwirklicht, wenn eine Symbiose zwischen der Unterstützung für die innerbetriebliche (durch Workflow-Management) und zwischenbetriebliche Kommunikation (durch EDI oder Extranet) erreicht ist. Dafür müssen die innerbetrieblichen Geschäftsprozesse und die EC-Aktivitäten vollständig integriert sein. Dies ist jedoch mit Kosten verbunden [GRUH97, S. 225f.].

- Volkswirtschaftlich gesehen wird EC dazu führen, daß einige Staaten benachteiligt sind. So ist die Internet-Verbreitung in der Bevölkerung gerade in südamerikanischen und afrikanischen Staaten sehr gering und auch durch politisch gewollte Isolierung kaum mit einer Änderung zu rechnen, so daß diese Länder trotz der Bevölkerungsintensität und des hohen Nachfragepotentials weiter zurückfallen [LAPL97].

- Bei dem staatenübergreifenden Handel treten Sprachbarrieren auf. Um wirklich global aktiv zu sein, muß man multilinguale Internetseiten anbieten. Dieses ist selten der Fall. Weiterhin muß man die unterschiedlichen Gebräuche und Nachfragegewohnheiten, die steigende Inanspruchnahme des eigenen Systems (Stichwort Skalierbarkeit) und der entsprechenden Beanspruchung der Inhouse-Applikationen (Faktura, Lagerhaltung, Waren-einkauf), die Kapazität, um die Nachfrage internationaler Kunden zu befriedigen, und das Verlangen der Kunden, in der eigenen Landeswährung zu zahlen, beachten [HÖRE97, S. 18; LAPL97].

Somit treten neben vielen Potentialen auch einige Probleme auf, doch bei aller Euphorie ist anzumerken, daß EC lediglich eine Ergänzung zum traditionellen Business darstellt und diese Abläufe effizienter gestalten kann, doch bspw. der physische Warentransport wird genauso wie das Sprachenproblem weiterhin existieren [LAPL97].

3 Koordination und Kommunikation auf elektronischen Märkten

In diesem Kapitel soll dem Leser dargestellt werden, wie Güter und Dienstleistungen traditionell und zukünftig verteilt werden. Dabei soll zunächst auf den traditionellen Marktmechanismus eingegangen werden. Danach wird gezeigt, inwieweit moderne Informations- und Kommunikationstechniken eine Verbesserung der Koordination der Marktteilnehmer bewirken.

3.1 Ökonomische Koordination

Grundlegende Intention jedes ökonomischen Handelns ist die Befriedigung menschlicher Bedürfnisse. Im Gegensatz zu diesen Bedürfnissen sind die dazu notwendigen Ressourcen begrenzt. Ansatzpunkte zur Minderung dieses Knappheitsproblems ist die Herausbildung der Arbeitsteilung, die Nutzung von Spezialisierungsvorteilen und Produktionsumwegen. Dieses führt zu einem Geflecht vielfältiger Leistungsbeziehungen der wirtschaftlichen Akteure. Doch die Koordination dieser Teilleistungen vollzieht sich nicht automatisch, sondern verbraucht wiederum Ressourcen. Hier stellt sich das Problem, daß eine asymmetrische Informationsverteilung zwischen den Beteiligten vorliegt und sich die Informationsbeschaffung aufwendig gestaltet. Somit erfordert jede Koordination von wirtschaftlichen Aktivitäten den Einsatz von Ressourcen und verursacht Kosten (Transaktionskosten) [PICO96, S. 20-23].

Nach Coase und Williamson [COAS37, S. 394f.; WILL75, S. 39f.] ist die Höhe der Transaktionskosten in bezug zum Nutzen der Marktinanspruchnahme maßgeblich für die Art der Koordination. Grundsätzlich können zwei Extreme unterschieden werden:

Die *hierarchische Koordination* bezeichnet die Inhouse-Koordination innerhalb der Unternehmensgrenzen. Demgegenüber steht die *marktliche Koordination*. Der Markt stellt den ökonomischen Ort dar, auf dem die aggregierte Güternachfrage und -angebot zusammentreffen und somit Tauschvorgänge ermöglicht. Die neoklassische Gleichgewichtstheorie unterstellt, daß die wirtschaftlichen Akteure vollkommene Informationen besitzen, doch diese Annahme ist realitätsfern. Es kommt durch Ungleichverteilungen zu Kosten für die Informationsbeschaffung. Somit besteht für Unternehmen ein Anreiz, den Markt als Koordinationsform zu meiden und die hierarchische Koordination vorzuziehen [COAS37, S. 394f.; PICO96, S. 25]. Doch neben diesem Aspekt spielt u. a. eine Rolle wie homogen die zu handelnden Güter sind, so daß eine Marktinanspruchnahme sinnvoll ist. Die nachfolgende Abbildung illustriert diese Abhängigkeit und zeigt, daß zwischen den beiden Extremformen Markt und Hierarchie noch andere Alternativen denkbar sind.

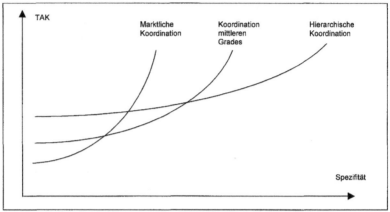

Abbildung 3: Koordinationsformen und Spezifität [WILL75, S. 40; MICH85, S. 103]

Diese Zwischenformen können bspw. sein: langfristig angelegte Unternehmenskooperationen, strategische Allianzen, Joint Ventures, Franchising-Systeme, Lizenzvergaben an Dritte, dynamische Netzwerke, langfristige Abnahme- und Belieferungsverträge. Es existiert ein breites Kontinuum zwischen den beiden Extremformen, die jeweils vor einer Wahl in ihrer Komplexität abgewogen werden müssen [PICO96, S. 45].

3.2 Einfluß der Informations- und Kommunikationstechniken

Die Wahl der Organisationsform der wirtschaftlichen Tätigkeit hängt von der Realisierbarkeit unternehmensübergreifender Koordination ab. Vielfach wird eine Form gewählt, die nur sekundär wünschenswert ist, doch die bessere Alternative ist nicht realisierbar, weil die mit der Koordination verbundenen Transaktionskosten, die im wesentlichen Kosten der Informationsbeschaffung und -verarbeitung darstellen, zu hoch sind. Tritt jedoch eine Verbesserung der Informations- und Kommunikationsmöglichkeiten ein, so führt dieses zu einer möglichen Modifikation bislang geeigneter Koordinationsformen. Moderne Informations- und Kommunikationstechnik (IuK-Technik) erlaubt durch raum- und zeitüberbrückende, schnellere und kostengünstigere Nachrichtenübertragung und Informationsverarbeitung die Realisierung bestimmter Organisationsformen, die zuvor nicht realisierbar erschienen. Dadurch läßt sich eine engere Zusammenarbeit mit anderen Unternehmen und eine bessere Kommunikation mit den Konsumenten verwirklichen [PICO96, S. 56f.].

Diese neuen Möglichkeiten ergeben sich durch verschiedene technologische Weiterentwicklungen. Die bedeutende Steigerung der Leistungsfähigkeit von Hard- und Softwaresystemen ermöglicht die Übertragung und Verarbeitung größerer Datenmengen. Dieses führt zu einer Bewältigung von Engpässen der zwischenbetrieblichen Kommunikation. Daten werden nicht mehr nur unternehmensintern verarbeitet und genutzt, sondern können auch zwischenbetrieblich ausgetauscht und weiterverarbeitet werden. Weiterhin ist eine Integration der Ebenen der Informationsverarbeitung möglich. Daten und Informationen können visuell dargestellt werden, weil die Informationsdaten miteinander kombiniert werden können (Stichwort Multimedia). So ist es möglich, dem Kunden Informationen medienbruchfrei zu präsentieren und so den Betriebsablauf ökonomischer zu gestalten. [PICO96, S. 57f.].

Diese Koordinationsverbesserungen haben konsequenterweise Auswirkung auf die betriebliche Wertschöpfung. So überdenken Unternehmen anhand der veränderten Bedingungen die Wahl der Koordinationsformen und es kommt zu dem folgenden – anhand der Transaktionskostentheorie – gezeigten Wandel:

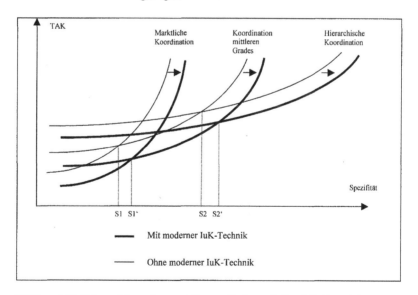

Abbildung 4: Einfluß von Informations- und Kommunikationstechnik auf die Transaktionskostenverläufe [PICO96, S. 59]

Die Einführung neuer IuK-Technologien führt bei allen Formen der Koordination zu einer Senkung der fixen und variablen Transaktionkosten. Die Wahl zu einer hierarchischeren Form ist erst bei einem viel höheren Spezifitätsgrad vorzuziehen (S1 nach S1' bzw. S2 nach S2'). Es kommt demnach verstärkt zu einem Einsatz marktlicher Mechanismen zur Organisation der wirtschaftlichen Leistungserstellung. Jedoch ermöglicht der konsequente Einsatz moderner Technologien eine Zusammenarbeit in einem Unternehmensverbund unter Umgehung marktlicher Koordination. Die ursprüngliche Trennschärfe zwischen Unternehmen geht verloren. An dieser Stelle sind andere ökonomische Aspekte heranzuziehen, die eine Nutzung der marktlichen Koordination für notwendig erachten [PICO96, S. 59f.]

3.3 Elektronischer Markt

Die Neoklassik spricht dem Begriff Markt in gewissem Maße eine automatische Funktion der Alloziierung der Ressourcen und Maximierung der gesamtwirtschaftlichen Wohlfahrt zu. Es stellt sich jedoch heraus, daß die in der Theorie festgelegten Annahmen realitätsfern sind. So wird z. B. vollkommene Markttransparenz (jeder kennt alle Angebote und Nachfragen und deren Preise) und vollkommener Wettbewerb unterstellt. Von Bedeutung wird hier die Betrachtung der Brücke zwischen Transaktionskosten und Informationssysteme, da hierdurch bestehende Barrieren zu einem effizienteren Marktsystem überwunden werden können. Die Effizienz eines Marktsystems wird durch den Zwang zu Transaktionskosten, die ihrerseits durch die Ausprägung typischer Markteigenschaften beeinflußt werden, bestimmt. Diese sind typischerweise das Vorliegen von Präferenzen, die Markttransparenz, die Höhe der Reaktionsgeschwindigkeit und die Existenz von Markteintrittsbarrieren [SCHM93, 465f.; KÖNI97].

Moderne Telematik (Zusammenwachsen von Informatik und Telekommunikation) bietet die Möglichkeit, überbetriebliche Verflechtungen und Koordination zu erleichtern. Unter dem Begriff **Elektronische Märkte** (EM) versteht man im engeren Sinne, daß mit Hilfe der Telematik Marktplätze realisiert werden, die alle Transaktionsphasen unterstützen [SCHM93, S. 468]. Diese Definition läßt sich im weiteren Sinne auch auf einzelne Transaktionsphasen (bspw. unter Ausschluß des elektronischen Zahlungsvorgangs) eingrenzen.

Durch EM wird es möglich, dem idealen Markt als abstrakter Ort des Tausches sehr nahe zu kommen. Die Eigenschaften der EM werden folgend skizziert:

Tabelle 2: Eigenschaften elektronischer Märkte [KÖNI97; SCHM93, S. 468]

Nahezu vollständige Informationen über Produkte und Unternehmen
Ubiquität der EM durch Telematik (weltweiter Zugriff; unabhängig von Raum und Zeit)
Sehr kurze Reaktionszeit möglich
Reduzierung der Transaktionskosten in der Phase der Informationsfindung und Vertragsvereinbarung

Es ist anzumerken, daß oft von dem Ideal des EM abgewichen wird. So ist es möglich, daß EM nicht offen sind. Offen ist ein EM dann, wenn die Plattform für alle Anbieter und Nachfrager frei zugänglich ist und man sich nur bestimmten Regeln zu unterwerfen hat. Hierunter ist weiterhin ein EM zu verstehen, doch eine Abgrenzung zu bilateralen Systemen (1:1) und zwischenbetrieblichen Hierarchiesystemen (1:n) ist vorzunehmen [SCHM93, S. 469]. Die nachfolgende Abbildung stellt die verschiedenen Beziehungsstrukturen zwischen den Teilnehmern dar:

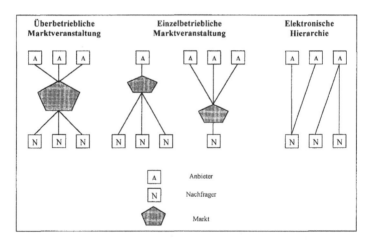

Abbildung 5: Beziehungsstrukturen in Marktveranstaltungen [ZBOR95, S. 101]

Der Übergang zwischen den Strukturen ist fließend und macht eine Abgrenzung notwendig: Das wesentliche Merkmal eines EM ist der marktmäßige Koordinationsmechanismus [SCHM93, S. 469]. Eine elektronische Hierarchie stellt eine geschlossene, elektronische Integration der Informationsverarbeitung zwischen mindestens zwei rechtlich selbstständigen Unternehmen dar, die langfristig angelegt ist und an der andere Unternehmen nicht unmittelbar partizipieren können [HUBM89, S. 165]. Somit kann diese Form nicht als EM bezeichnet werden. Einzelbetriebliche Marktveranstaltungen zeichnen sich dadurch aus,

daß ein Marktteilnehmer (Anbieter oder Nachfrager) die Marktveranstaltung betreibt, je-
doch existiert der marktliche Charakter. Das Ideal eines EM ist die überbetriebliche
Marktveranstaltung, bei der der Betreiber eine neutrale Unternehmung ist, die nicht an dem
Marktgeschehen teilnimmt, jedoch ist dieses nicht verpflichtend für die Einordnung als EM
[PICO96, S. 319f.].

3.4 Auswirkung auf den Wertschöpfungsprozeß

Der Weg von Rohstoffen über Waren und Dienstleistungen zum Endverbraucher führt
grundsätzlich über alle Unternehmen, die am Wertschöpfungsprozeß beteiligt sind. Am
Ende dieser Wertschöpfungskette befinden sich die Handelsunternehmen, die die Verteilung und den Verkauf an die einzelnen Konsumenten vornehmen. Ein Direktverkauf vom
Hersteller an den Endverbraucher ist nur dann ökonomisch sinnvoll, wenn der Kunde zu
geringeren Kosten erreicht werden kann. Durch die Nutzung moderner Technologien und
bspw. den Aufbau elektronischer Märkte ist es möglich, die Koordinationskosten zu reduzieren [SCHM93, S. 468]. Zunächst soll im Folgenden geklärt werden, welche Potentiale
diese Mediatisierung bietet und welche Auswirkung für die Wertschöpfung dieses mit sich
zieht.

3.4.1 Mediatisierung

Durch den Einsatz moderner Technologien lassen sich die Abstimmungsprozesse auf den
traditionellen Gütermärkten schneller, flexibler und transparenter vom Hersteller bis zum
Endverbraucher realisieren. Die Haupteffekte sind dabei [MALO87, S. 488f.]:

- Kommunikationseffekt („Electronic Communication Effect"): Durch moderne Infor-
  mations- und Kommunikationstechnik ist es einerseits möglich, größere Informations-
  mengen schneller und weiträumiger zu verbreiten und andererseits ist dieses bei einer
  gleichzeitigen Senkung der Kosten für die Informationsverbreitung realisierbar. Dieses
  läßt sich am Beispiel des Online-Shopping verdeutlichen: Man kann weltweit eine po-
  tentiell unbeschränkte Anzahl von Endabnehmern bzw. Anbietern erreichen. Dadurch
  können weltweit Produkte zu sehr geringen Kosten und fast ohne Zeitverlust präsentiert, angeboten und gehandelt werden.

- Broker- oder Maklereffekt („Electronic Brokerage Effect") bezeichnet die Möglichkeit,
  daß Anbieter und Nachfrager über gemeinsame Informationsbasen (z. B. Datenbanken)
  direkt verknüpft sind und so die klassische Funktion der Broker als Informationsmittler

durch elektronische Medien ersetzt wird. Dieses zeigt sich bspw. anhand der elektronischen Börsen: Sie bieten Anlegern die Möglichkeit, ohne die Inanspruchnahme der Banken direkt mit Wertpapieren zu handeln, und erlauben eine Marktüberwachung und -regulierung.

- Integrationseffekt („Electronic Integration Effect"): Ursprünglich getrennt ablaufende Teilprozesse des Marktgeschehens können in integrierten, elektronisch unterstützten Abläufen zusammengefaßt werden. Dieses ist bereits heute in der Tourismusbranche Realität. So können früher getrennte Buchungsprozesse (bspw. Buchung eines Fluges oder Mietwagens) unternehmensübergreifend abgewickelt werden. Entsprechende Entwicklungen sind auch im Bereich der Logistik und Finanzdienstleistung zu beobachten.

Die Kombination dieser drei Effekte führt dazu, daß sich in Teilbereichen des Wertschöpfungsprozesses elektronische Märkte herausbilden und so die Mediatisierung als eine Ursache für eine Vermarktlichung der zwischenbetrieblichen Koordination angesehen werden kann, weil die Wirtschaftsobjekte die Koordinationsform wählen, die die niedrigsten Kosten erwarten läßt [BENJ95, S. 64f.].

3.4.2 Produkteigenschaften für den Einsatz in elektronischen Märkten

Abgesehen von der technischen Entwicklung und den damit verbundenen Potentialen ist es jedoch auch erforderlich, daß die angebotenen Produkte für elektronische Märkte geeignet sind. Sehr spezifische Güter sind mehr für eine hierarchische als für eine marktliche Koordinationsform geeignet. Man spricht von hoch spezialisierten Gütern, wenn diese nur mit hohem Aufwand auch von einem anderen Unternehmen genutzt werden können. Diese Spezifität kann entwicklungstechnisch (hoher Entwicklungsaufwand), zeitlich (Wert des Gutes bemißt sich nach der Dauer bis es beim Nachfrager verarbeitet bzw. genutzt werden kann) oder wissensspezifisch (nur Menschen mit einem bestimmten Wissen können dieses Produkt nutzen) sein. Der Grund für diese Anforderung liegt darin, daß bei solchen Gütern lange und besondere Entwicklungen notwendig sind, weil man die speziellen Wünsche des Kunden erfüllen muß, die sonst nicht vergleichbar auftreten. Hierbei muß man sich auf den Handelspartner verlassen können. Handelt es sich um hochwertige Güter, ist das Risiko, daß der Partner aus dem Geschäft aussteigt, bei der Marktform sehr groß. Die Unternehmen werden dieses Risiko scheuen und eher die hierarchische Form vorziehen.

Ein weiterer Aspekt ist die Komplexität der Produktbeschreibung. Diese Eigenschaft ist zwar oft identisch mit dem vorigen Punkt, jedoch nicht zwangsläufig. Diese Produkte verlangen nach einem intensiven Informationsaustausch. Die hierfür anfallenden Koordinationskosten sind bei einer hierarchischen Form geringer und so wird dieses Modell eher vorgezogen [MALO87, S. 486f.].

Zusammenfassend läßt sich dieses in der nachfolgenden Abbildung zeigen:

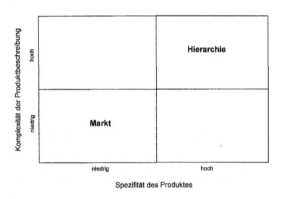

Abbildung 6: Wahl der Koordinationsform (abhängig von Produkteigenschaften) [MALO87, S. 487]

Die Betrachtung des Kostenarguments basiert auf eine Analyse der relativen Kosten für die Wahl der Koordinationsform. Diese sehen wie folgt aus:

Tabelle 3: Relative Kosten für Märkte und Hierarchien [MALO87, S. 485]

Koordinationsform	Produktionskosten	Koordinationskosten
Markt	niedrig	hoch
Hierarchie	hoch	niedrig

Wenn man nun bedenkt, daß durch moderne IuK-Techniken die Koordinationskosten gesenkt werden, wird deutlich, daß damit die Marktform vorteilhafter und, insofern die Produkte geeignet sind, eher präferiert wird. Die leichter zu realisierende Kommunikation führt dazu, daß die Bedeutung der Spezifität und Produktkomplexität für die Dominanz der Hierarchieform abnimmt (Abbildung 7).

Neben dem Bestreben die kostengünstigste Koordinationsform zu wählen, ist für Unternehmen relevant, daß IuK-Technologien zunehmend leistungsfähiger und verbreiteter sind. Es ist davon auszugehen, daß ein immer größerer Anteil potentieller Kunden über die Technik verfügt und somit in einfacher Weise erreicht werden kann. Darüber hinaus kann

ein Unternehmen durch die Einführung neuer Technologien neue Käuferschichten erreichen, die sonst Kunden eines Konkurrenzunternehmens geworden wären [PICO96, S. 328].

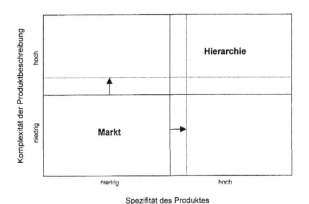

Spezifität des Produktes

Abbildung 7: Auswirkung der Mediatisierung auf die Wahl der Koordinationsform [MALO87, S. 487]

3.4.3 Änderungen in der Wertschöpfungskette

Obwohl elektronische Märkte vorteilhaft sind, ist anzumerken, daß es zu Veränderungen in
der unternehmensübergreifenden Wertschöpfungskette und eine mögliche Schmälerung der
Gewinnspannen kommt. Die Kette wird kürzer und dementsprechend effektiver werden.
Dieser Effekt ist heute an verstärkten Direktmarketingaktivitäten deutscher Unternehmen
zu beobachten [o.V.97c].

Dieser Aspekt soll anhand eines einfachen Beispiels der amerikanischen
Bekleidungsindustrie verdeutlicht werden. Abbildung 8 zeigt eine aggregierte Darstellung
einer Wertschöpfungskette, die vom Hersteller über Groß- und Einzelhandel bis zum
Endverbraucher reicht.

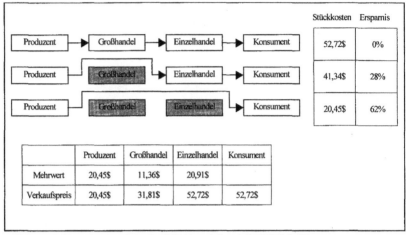

Abbildung 8: Wertschöpfungskette der Bekleidungsindustrie [BENJ95, S. 67]

Die erste Kette zeigt die traditionelle Absatzform. Der Kunde zahlt 52,72 US$ je Produkt. In der zweiten Stufe wird der Großhandel umgangen und der Preis reduziert sich für den Kunden auf 41,34 US$ (= 28 % Preisersparnis). Wenn der gesamte Zwischenhandel ausgeschaltet und der Verbraucher direkt erreicht werden kann, bedeutet dieses, daß sich der Preis für den Endverbraucher gegenüber der traditionellen Vertriebsform um insgesamt 62 % reduziert [BENJ95, S. 67f.]. Allerdings ist fraglich, ob der Hersteller diese Differenz als Ersparnis an den Endverbraucher weitergeben wird. Um diese Aufteilung der Gewinnspanne zu beurteilen, muß man die Gründe und Wirkungen der Umgehung des Zwischenhandels betrachten:

Ausgangspunkt ist, daß der Hersteller durch moderne Informationstechnologie (IT) in der Lage ist, die Funktionen des traditionellen Zwischenhandels wahrzunehmen. Das Unternehmen kann die Gewinnspanne erhöhen und der Endverbraucher kann zusätzlich durch eigene IT-Nutzung zu geringeren Preise auf ein breiteres Produktspektrum zugreifen, weil ein Vergleich der Produkte einfacher möglich ist. Insofern wäre dieses für beide Seiten von Vorteil. Durch die einfache Möglichkeit für den Konsumenten, Produkte und Anbieter zu vergleichen, erhält er einen besseren Marktüberblick (Transparenz) und er erwirbt das qualitativ beste oder preisgünstigste Produkt. Somit wird der Hersteller gezwungen sein, sich an der Konkurrenz zu orientieren und die Preise entsprechend zu senken. Der Markt wird demnach von dem Kunden dominiert und die Gewinnspanne des Unternehmens reduziert sich. Erschwerend kommt an dieser Stelle hinzu, daß nicht jeder Hersteller in der Lage ist, im Wege des Direct-Selling den Endverbraucher zu erreichen. Er ist auf einen Vermittler

(Market-Maker) angewiesen, der wieder eine Stufe des Zwischenhandels darstellt. Dieser wird ebenfalls einen Teil der Gewinnspanne für sich verbuchen wollen [SARK97; BENJ95, S. 70].

Neben der Verkürzung der Wertschöpfungskette wird es zu einer Neudefinition des Zwischenhandels kommen. Unternehmen erkennen die Situation und werden auf eine andere Art am Markt aktiv. Als Beispiel sei an dieser Stelle die Tourismusbranche erwähnt. Schließlich befassen sich Unternehmen mit der Problematik, daß die physische Distribution kostenintensiver ist als die elektronische. Folglich wird man versuchen möglichst viele Produkte über elektronische Netze zu verteilen [MOUG98, S. 89].

3.4.4 Formen des elektronischen Handels

Im Folgenden sollen vier typische Ausprägungsformen elektronischer Märkte dargestellt werden, die in der Praxis kombiniert und erweitert werden:

- *Electronic Shopping Mall*: Man versteht hierunter mit Hilfe von IuK-Technik realisierte Einkaufszentren (virtuelles Kaufhaus und Dienstleistungszentrum). Die Zielgruppen sind meistens Privathaushalte und kleinere Firmenkunden. Die Malls sind über Online-Dienste und das Internet offen zugänglich. Anbieter sind verschiedene Unternehmen, die ihre Produkte unter einem gemeinsamen Dach anbieten. Diese können untereinander konkurrieren oder sich ergänzen. Das Konzept hat sich besonders in den USA zunächst bewährt, weil man unter einer bekannten Adresse (bspw. Prodigy oder America Online) viele Anbieter erreichen kann, die auch weniger bekannt sind, aber die dadurch dennoch gute Absatzchancen besitzen. Dementsprechend reduziert sich für den Nachfrager der Suchaufwand und der Anbieter erreicht einen besseren Marktzugang. Ein strategischer Aspekt ist, daß der Kunde einer großen Mall dem Unternehmen hinsichtlich Information und Lieferverläßlichkeit mehr Vertrauen entgegenbringt. Jedoch haben die Malls in der Vergangenheit nur zu geringen Umsätzen geführt. Dieses liegt darin begründet, daß bisher nur einfache Produkte über das Internet verkauft wurden und daß Anbieter neben dem Mallangebot ein weiteres unter eigener Adresse im Web präsentieren. Die Kunden, die mit dem Anbieter zufrieden sind, wählen zukünftig diese Adresse und der Anbieter steigt aus der Mall aus, sobald das Unternehmen als Anbieter im Internet bekannt ist. Die Marktzugangfunktion einer Mall wird somit nicht mehr benötigt. Als Beispiel sei hier die von IBM betriebene Mall „World Avenue" erwähnt, die 1997 aus eben diesen Gründen geschlossen wurde. Dieses Problem ließe

sich beheben, wenn man innerhalb der Mall Zusatzleistungen anbietet, die unternehmensübergreifend sind oder Produkte präsentiert werden, an denen mehrere Unternehmen beteiligt sind [SCHW97a, S. 94f.; SCHM95, S. 26f.]

- Bei dem Prinzip *Direct Search* sind die Marktteilnehmer auf einer elektronischen Plattform direkt miteinander verbunden. Ziel ist es, die wirtschaftlichen Handelsbeziehun-
gen möglichst ökonomisch ohne zwischengeschaltete Mittler zu gestalten. Ein Merkmal ist weiter, daß der Kreis der Teilnehmer beschränkt ist, weil man einen Überblick
über die möglichen Marktpartner haben möchte. Dabei können jedoch moderne IuK-
Techniken bei der Informationsbeschaffung zu einer effizienten Gestaltung beitragen.
Problematisch ist jedoch, daß dieses geschlossene System keine Markttransparenz bietet [PICO96, S. 339].

- Bei der Form der *Auktion* werden Angebot und Nachfrage durch eine zentrale Instanz
abgestimmt. Die Preise bilden sich erst durch diesen Abstimmungsprozeß. Diese Form
ist effizient, wenn der Teilnehmerkreis genügend groß ist, so daß sich Angebot und
Nachfrage treffen können. Insofern wäre das Internet durch seine hohe Nutzerzahl prädestiniert für dieses Konzept. Beispiele sind der amerikanische Gebrauchtwagenhandel
AUCNET oder FLYCAST. Der Kreis der Marktteilnehmer kann offen oder geschlossen sein. Vorteilhaft ist ein Auktionssystem besonders dadurch, weil qualitativ hochwertige Güter verhandelt werden, denn durch die Ungewißheit des Konsumenten bzgl.
des Produktes sind Qualitätszertifikate notwendig, die minderwertige Güter nicht erhalten [WHIN97, S. 158-160; LEE98, S. 77-79].

- Das *Handelsmittler-System* (Market-Maker) vermittelt das Aufeinandertreffen von Angebot und Nachfrage. Dabei ist dieser Zwischenhändler an jeder Transaktion beteiligt.
Der Market-Maker gibt dem Suchenden einen verbindlichen Kurs an, zu dem die nach-
gefragte Leistung über ihn erhältlich ist. Er tritt dabei als Handelspartner auf und sein
Erlös bemißt sich nach der Differenz von An- und Verkaufswert. Dieses Konzept hat
für die Anbieter den Vorteil, daß man einen leichten Marktzugang erhält und die Nachfrager profitieren davon, daß man für Produktvergleich und Unternehmenssuche wenig
Geld und Zeit investieren muß [BENJ95, S. 66-68; KOSI97, S. 110]. Diese Effizienz
soll mit folgender Abbildung verdeutlicht werden:

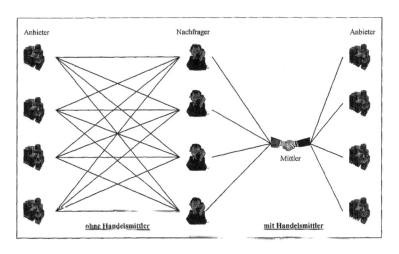

Abbildung 9: Kommerzielle Transaktionen mit und ohne Handelsmittler [KOSI97, S. 111]

3.4.5 Neue Potentiale für den Zwischenhandel

Obwohl moderne IuK-Techniken den traditionellen Zwischenhandel in seiner Existenz bedrohen, ergeben sich – wie im vorigen Kapitel bereits gesehen – neue Chancen und Einsatzbereiche. Der traditionelle Zwischenhandel muß seine eigene Rolle überdenken und beurteilen, ob die angebotene Leistung durch elektronische Märkte oder Direkt-Marketing umgangen werden kann und wo sich neue Möglichkeiten für die Zukunft ergeben [BENJ95, S. 71]. Der Zwischenhandel muß dabei sowohl aus Kunden- und Unternehmenssicht beurteilt werden.

Für den Konsumenten bietet der Zwischenhandel u. a. den Vorteil, daß die Suche nach und die Beurteilung von Produkten und Dienstleistungen erleichtert wird. Es ist leichter umfangreiche Informationen über die Marktaktivität zu erhalten, das Kaufrisiko läßt sich durch zusätzliche Leistungen wie Produktrückgabe reduziert und die Güter werden geliefert.

Auf Seiten der Unternehmen ergeben sich entsprechende Aspekte: So weiß man, daß der potentielle Kunde besser über das eigene Produkt informiert ist, der Kunde stärker beeinflußt ist, weil der Zwischenhandel vertrauenswürdiger ist, denn die Endverbraucher wissen, daß Unternehmen verkaufen wollen und nicht einen Informationsdienstleister darstellen, man erhält Informationen über die Konsumenten (Profile, Markterhebungen), durch guten Einsatz von IT kann man die Vorteile der Economies-of-Scale besser nutzen und der Zwischenhandel kann durch eigene Datenerhebung das Fehlerrisiko beim Produzenten und Konsumenten reduzieren. Schließlich kommt es darauf an, diese Vorteile zu kombinieren und die Wünsche der Konsumenten und Hersteller zu integrieren [SARK97]. Die modernen IuK-Technik bietet die Möglichkeit, diese Funktionen effektiver zu gestalten und neue Chancen zu nutzen [SARK97]:

- Um im Internet die gewünschten Produkte und Leistungen zu finden, kann der Kunde verschiedene *Verzeichnisse* (bspw. Yahoo) benutzen. Diese können generell, kommerziell oder auch themenbezogen sein.

- Eine Fortentwicklung der Verzeichnisse ist die *Bewertung* von Internet-Seiten durch einen Dritten. Dabei wird das Angebot beurteilt und zusammengefaßt. Der Konsument kann auf diese Weise sein Risiko, Informationen zu studieren, die für ihn wertlos sind, mindern. Fraglich jedoch scheint, ob die Art der Finanzierung evtl. Einfluß auf die Objektivität des Bewerters haben kann.

- Die Suche kann auch über *Suchmaschinen* wie Lycos oder Altavista ablaufen. Dabei werden abhängig von Suchbegriffen die erfaßten Web-Sites durchsucht, jedoch läßt bei dieser Methode die Effizienz zu wünschen übrig.

- *Malls* bieten die Möglichkeit, unter einer bekannten Adresse viele Unternehmen, die dort ihre Produkte offerieren, zu erreichen (siehe oben). Diese können geographisch, produktbezogen oder zielgruppenorientiert strukturiert sein. Der Unterschied zum Verzeichnis liegt in der Finanzierung. Im Gegensatz zum Verzeichnis (über Werbe-Banner) finanziert sich die Mall zusätzlich durch Festbeträge der Anbieter oder transaktionsbezogen.

- Medienverlage: Verlagsunternehmen wie Axel Springer oder Heise bieten, zumindest auszugsweise, *Online-Ausgaben* ihrer Publikationen und informieren auf diese Weise die Konsumenten.

- *Foren*: Hier bieten einzelne Web-Sites virtuelle Treffpunkte, die meist interessenbezogen sind. Produzenten bietet sich so eine gute Quelle für Produktverbesserungen, weil man Kritiken an den eigenen Gütern und einen einfachen Zugang zu Marktuntersuchungen erhält.

- *Finanzdienstleister* werden zukünftig den elektronischen Handel beeinflussen. Die Authorisierung einer Zahlung und Warenbestellung unter Nutzung des Mediums Internet spielt eine große Rolle und dieses wird über die Einbeziehung Dritter erfolgen. Hier bietet sich den Unternehmen ein großes Geschäftspotential.

- Unter intelligenten *Agenten* versteht man Softwareprogramme, die für den Benutzer das Internet entsprechend der Eingaben durchsuchen. Bei einer wiederholten Nutzung lernt der Agent von den bisherigen Abfragen und kann so das Ergebnis für den Kunden verbessern. Ein Einsatz ist denkbar bei automatisierbaren Vorgängen wie Produkt- und Preisrecherche. Gerade hier ist für den Menschen fraglich, ob man nach einer Recherche wirklich alle vorhandenen Anbieter gefunden hat und das günstigste Angebot nutzen kann. Ein Agent würde alle Anbieter abfragen und eine Gesamtübersicht präsentieren. Schließlich ist auch möglich, daß neben der Informationsfunktion auch noch die Verhandlung und der Abschluß der Transaktion vorgenommen wird.

Für den Nachfrager bieten sich die Vorteile, daß man Zeit, Geld und Fachwissen spart, da man sich dieses für die Entscheidungsfindung nicht mehr aneignen muß. Für den Anbieter ist von Vorteil, daß sie Wettbewerbsvorteile effizienter ausnutzen können, da die Informationen konsequenter übertragen werden, man spart Werbe- und Vertriebskosten, sie sammeln umfangreiche Informationen über ihre Kunden und man kann die bestehenden Online-Datenbestände für den Einsatz von Agenten nutzen.

Kritisch läßt sich jedoch anmerken, daß es sich hierbei um eine „Vision" handelt. Agenten haben sich – bis auf wenige Beispiele – noch nicht durchgesetzt, doch geht man davon aus, daß sie zukünftig helfen werden, die Datenvielfalt im Internet transparenter zu gestalten [BREN97, S. 18; KLEI97a].

3.5 Phasenmodell der Geschäftstransaktion

Der Idealtyp eines elektronischen Marktes soll sich über alle Transaktionsphasen erstrecken [SCHM93, S. 468]. Für eine entsprechende Beurteilung und als Grundlage für das folgende Kapitel soll an dieser Stelle das Phasenmodell für Geschäftstransaktionen dargestellt werden. Die Einteilung läßt sich unterschiedlich verfeinern, jedoch ist dieses im Rahmen einer allgemeinen Darstellung nicht sinnvoll [KRÄH94, S. 219]. An dieser Stelle soll eine Einteilung in 3 Stufen vorgenommen werden (siehe Abbildung 11) [KIRS73, S. 189-192; ZBOR96, S. 138-141; LANG93, S. 19f.]:

1. Zentraler Aspekt der **Informationsphase** ist der Austausch von Informationen zwischen den Marktteilnehmern. Anbieter und Nachfrager verschaffen sich einen Marktüberblick, indem sie neben handelspartner-, produkt- und dienstleistungsbezogenen Informationen auch gesamtwirtschaftliche Rahmen-, Branchen- und Technologieinformationen beziehen. Die Phase endet in dem Moment, an dem der Teilnehmer bereit ist, entsprechend seines Informationsstandes mit einem Gebot zu reagieren. Die-

ses enthält die Konditionen, unter denen er bereit ist, einen Handel zu betreiben und stellt somit eine verbindliche Absichterklärung dar. Diese erste Phase kann zyklisch mehrmals durchlaufen werden, d. h. der Teilnehmer erhält laufend neue Informationen und kann auch bei Bedarf mehrere Gebote plazieren.

2. In der **Vereinbarungsphase** reagiert der Marktteilnehmer auf die eingegangenen Gebote der Gegenseite und nimmt Kontakt zwecks Kontraktbildung auf. An dieser Stelle werden die generellen Konditionen der Transaktion (bspw. Zahlungsart, Lieferbedingungen oder Zusatzleistungen) abgeklärt, zu denen ein Vertragsabschluß möglich ist. Dieser stellt den Abschluß dieser Phase und eine verbindliche Vereinbarung zwischen den Parteien dar. Auch hier ist bis zum Abschluß noch ein zyklischer Verlauf denkbar, wenn z. B. mit mehreren Marktpartnern parallel verhandelt wird. Nach Abschluß tritt jedoch eine Bindung ein und es beginnt die nächste Phase.

3. Die **Abwicklungsphase** (auch: Handelsdurchführung, Clearing, Settlement) gilt als Erfüllung der vertraglich fixierten Vereinbarungen. Die Abwicklung ist abhängig von verschiedenen Faktoren (wie Art des Gutes, Teilnehmer der Transaktion etc.). Wichtig für die weitere Darstellung ist, daß diese Phase oft Initiator für weitere Markttransaktionen darstellt. Diese stellen den sekundären Wertschöpfungsprozeß dar (Abbildung 10):

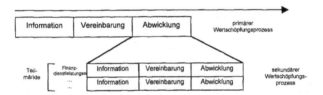

Abbildung 10: Das Phasenmodell von EM und die Wertschöpfungsprozesse [ZIMM95, S. 37]

Beispiele hierfür sind der Kauf von Zusatzleistungen, weitere Dienstleistungen, Finanzdienste, Dienste der öffentlichen Verwaltung etc.

Das gesamte Phasenmodell soll mit Hilfe der folgenden Abbildung abschließend veranschaulicht werden:

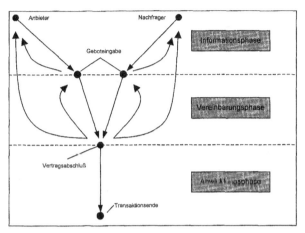

Abbildung 11: Phasen der Markttransaktion [LANG93, S. 19]

4 Community of Interest Network

Im vorigen Kapitel wurde der elektronische Markt als eine Unterform des Begriffs Electronic Commerce in den Grundzügen dargestellt. Im Folgenden soll nun eine spezielle Form der elektronischen Märkte beschrieben werden, die sich auf einen Teilausschnitt möglicher Markttransaktionen beschränkt.

4.1 Darstellung des Konzeptes

Das Community-of-Interest-Network-Konzept (COIN) beschreibt eine neue Form des Kaufabwicklungsprozesses unter Nutzung des Internet. Wurde das Internet bisher nur genutzt, um einfache Transaktionen zwischen zwei Beteiligten (Anbieter-Kunde) abzuwickeln und für Recherchezwecke sowie den Austausch von E-Mails genutzt, soll in einem COIN die Möglichkeit geschaffen werden, komplexe Geschäftsprozesse, an denen mehrere Marktteilnehmer (vertikaler Marktprozeß) beteiligt sind, über eine gemeinsame Plattform abzuwickeln [POST97, S. 154]. Als Beispiel wäre hier der Erwerb eines Automobils oder einer Immobilie zu nennen.

Ein COIN ist durch folgende Merkmale geprägt [DILL97]:

- Die Marktteilnehmer (Anbieter und Nachfrager) haben ein gemeinsames (finanzielles) Interesse an einem Geschäftsabschluß und bilden (zumindest zunächst von Anbieterseite) eine Gemeinschaft, die dem Konsumenten einen Überblick über alle Anbieter des vertikalen Marktes, die für das Erlangen des gewünschten Produktes notwendig sind, und die ihm die Möglichkeit gibt, auf eine bequeme und schnelle Art zu dem Geschäftsabschluß zu kommen. Auf jeder Stufe der Wertschöpfungskette ist es sinnvoll, daß sich direkte Konkurrenten in einem COIN befinden. Insofern handelt es sich um eine horizonale *und* vertikale Gemeinschaft von Unternehmen.

- Hat sich der Kunde für ein Produkt entschieden, wird für ihn eine virtuelle Akte in Form eines Software-Objektes angelegt, die ihn von einem Anbieter zum nächsten begleitet. Diese stellen keine Konkurrenz untereinander dar, sondern die jeweiligen Produkte ergänzen sich als Teilprodukte zu dem Gesamtprodukt. Die Akte wird von den Anbietern weitergereicht und schrittweise bearbeitet. Auf diese Weise ist es auch sinnvoll, daß im Sinne eines Workflowmanagements eine Terminverfolgung betrieben wird, die bspw. Mahnungen bei den einzelnen Beteiligten ermöglicht. Abbildung 12 zeigt einen beispielhaften Prototyp für den Verkauf von Immobilien:

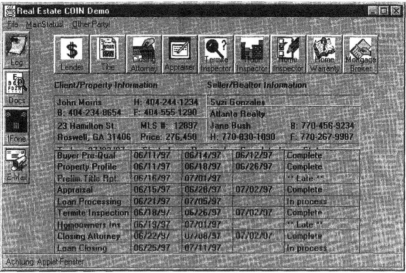

Abbildung 12: COIN-Prototyp für den Verkauf von Immobilien [COMM97a]

- Durch das Anlegen einer virtuellen Akte werden Daten gemeinsam von verschiedenen Teilnehmern genutzt. Eine redundante Datenhaltung und mehrmalige Neueingabe entfällt somit.

- Damit eine gemeinsame virtuelle Akte bearbeitet werden kann, bedarf es Absprachen und Standards bezüglich der Dateninhalte und -formate. Insofern ist ein COIN geprägt durch intensiven Informationsaustausch zwischen den Anbietern.

- Die Anbieter in einem COIN bieten ihre Kernprodukte an. Diese stellen die Produkte dar, die zu dem ursächlichen Geschäftsbereich eines Unternehmens gehören und die sie am effizientesten anbieten können. Dieses führt dazu, daß die Produkte für den Konsumenten in einem COIN preisgünstig angeboten werden.

- Die Informationen und Angebote der Unternehmen eines COIN gehen weit über das gewöhnliche Präsentieren eines elektronischen Produktkataloges hinaus. Dem Kunden soll ein Service und Zusatznutzen geboten werden, den er auf traditionellem Wege nicht erhalten könnte [POST97, S. 155].

- Mit dem COIN-Ansatz verwischen die Grenzen zwischen Business-to-Business und Business-to-Consumer, weil innerhalb des komplexen Geschäftsprozesses sowohl Business-Consumer als auch reine Business-Business-Prozesse auftreten.

- Ein COIN soll dem Konsumenten helfen einen Geschäftsprozeß abzuwickeln, indem er
  ihn über **alle Phasen** einer Geschäftstransaktion (von der Information über die Abwicklung bis zum nachfolgenden Support – vgl. Abbildung 11) unterstützt. Der
  Schwerpunkt liegt jedoch auf der Abwicklung. Es ist stellt sich hier die Frage, inwie-
  fern über einen COIN auch die Informationsphase abgewickelt wird. Hier bietet sich
  die Möglichkeit eines COIN, der alle Phasen umfaßt oder eine Verkettung von verschiedenen COINs.

Die folgende Abbildung soll die COIN-Struktur anhand des Immobilienkaufs darstellen:

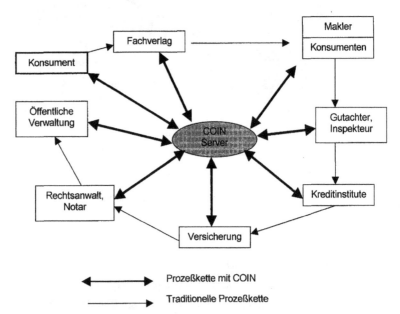

Abbildung 13: Struktur und Prozeß eines Immobilien-COIN

Im Falle der traditionellen Abfolge müßte der Konsument alle Schritte nacheinander selbst
durchlaufen und auch physisch die einzelnen Anbieter besuchen: Zunächst wird man sich
bspw. bei Fachverlagen informieren und anschließend nach einem geeigneten Objekt bei
einem Makler oder auf dem freien Markt (Konsumenten-Markt) suchen. Ist dieses geschehen, müssen weitere Marktteilnehmer einbezogen werden: Gutachter, Kreditinstitute (Hy-
pothek), Versicherung, Notar (Beurkundung), öffentliche Verwaltung (Grundbuchamt) und
sonstige Stellen wie die Deutsche Telekom etc.

Durch den COIN ist es möglich, daß alle Anbieter über eine zentrale Organisation ansteuerbar sind, dem Kunden Zeit und Mühe erspart bleibt und er einen besseren Angebotsüberblick erhält. Er kann hier – angefangen von der Informationsphase bis zum finalen Abschluß der Transaktion – einen virtuellen Ansprechpartner finden, der ihn begleitet und effizient bis zum Ende des Geschäftes führt.

4.2 Potentiale des Konzeptes

Neben den bereits angesprochenen Aspekten sollen hier die Punkte detaillierter betrachtet werden, die als Vorteile bzw. Chancen durch den Einsatz des COIN-Konzeptes betrachtet werden können.

4.2.1 Markttransparenz

Ein Markt wird als ökonomisch effizient bezeichnet, wenn ein Produkt zum niedrigsten Preis oder für ein vorgegebenes Qualitätsniveau zu den Marginalkosten der Produktion erworben werden kann. Im Falle standardisierter Güter ist dieses auch oft möglich, doch in der Regel haben Anbieter und Nachfrager unterschiedliche Informationen über Preis und Qualität. Dieses Defizit versucht man durch Suchprozesse, die Kosten verursachen, auszugleichen. Als Zeichen dafür ist zu sehen, daß zu den zehn beliebtesten Internetangeboten weltweit und in Deutschland stets die Internet-Suchmaschinen zu zählen sind [100H98]. Bis zu einem kritischen Punkt ist diese Vorgehensweise aus Sicht des Kunden sinnvoll, doch schließlich wird eine Entscheidung getroffen, die nicht auf vollständiger Information basiert. Dieses führt zu einem ineffizienten Marktprozeß, der im Extremfall auch zu einem Versagen des Marktes führen kann [WHIN97, S. 263f.].

Suchvorgänge erfolgen traditionell sequentiell: Ein Nachfrager informiert sich bei einem Anbieter, trifft die eigene Kaufentscheidung und wiederholt diesen Vorgang bei Nichtgefallen bei jedem weiteren Anbieter. EC bietet die Möglichkeit eines simultanen Suchvorgangs: Durch den Einsatz von Agenten, Suchmaschinen oder spezialisierten Zwischenhandelsunternehmen ist es möglich Anfragen zu stellen und so einen besseren Überblick über den Markt zu bekommen. In der Realität ist die Nutzung dieser elektronischen Marktplätze z. Zt. noch nicht effizient. Die Anbieter stellen im Internet noch nicht die notwendigen Informationen bereit. Insofern gelangt man nicht zu vollständiger Information aber zu einer besseren Transparenz als dieses auf traditionellem Wege möglich wäre [WHIN97, S. 267f.]. Weiterhin ist es notwendig, daß die Informationsanfrage auf dem Markt erfolgt, in dem auch die Informationen vorhanden sind. Hier ist zu unterscheiden zwischen physischen und elektronischen Märkten. Durch diese Parallelität ist es notwendig, getrennte Suchabfragen zu starten, die die Ineffizienz begründen. Sinnvoll wäre es daher, daß alle (relevanten) Anbieter ihre Informationsangebote in elektronischer Form präsentieren und der Konsument Suchabfragen über das Internet umfassend durchführen kann. Dieses ist jedoch (noch) nicht der Fall [WHIN97, S. 272-275].

Ein COIN könnte eine mögliche Lösung darstellen: Die Anbieter fassen ihre Angebote unter einer gemeinsamen Adresse (ähnlich einer Mall) zusammen und geben dem Konsumenten auf diese Weise die Möglichkeit, im Rahmen des vertikalen Marktes sich einen Überblick zu verschaffen und die Vielzahl von Transaktionen durchzuführen. Er erhält umfassende Informationen über die Angebote und kann vergleichen (Alternativenvergleich), jedoch ist diese Transparenz abhängig von der Anzahl der Anbieter auf horizontaler Ebene. So muß der Betreiber eines COIN bemüht sein, möglichst viele Unternehmen in einen COIN zu integrieren [DILL97; SEEG97, S. 44].

4.2.2 Effizienter Prozeßablauf

Es ist zwischen der Sicht des Unternehmens und des Konsumenten zu unterscheiden:

Der Konsument hat den Vorteil, daß die Nutzung eines COIN neben den bereits genannten Aspekten zunächst den Prozeßablauf teilweise automatisiert (bspw. Terminüberwachung). Desweiteren ergeben sich Vorteile wie Bequemlichkeit oder das Sparen von Zeit, Mühe und Geld, indem er nicht mehr jeden einzelnen Anbieter physisch oder elektronisch kontaktieren muß.

Aus diesem Grunde gestaltet sich auch der Ablauf aus Unternehmenssicht effizienter, denn bisher waren Unternehmen darauf angewiesen, daß Kunden den Weg zu ihren physischen oder virtuellen Verkaufsräumen finden. Unternehmen müssen umfangreich in anderen Medien (bspw. Fernsehen) Werbung schalten, damit die Kunden auf ihr Angebot aufmerksam werden. Wenn sich ein Kunde über ein Produkt wie ein Automobil informieren möchte, so ist es möglich, daß er das Angebot des Unternehmens Volkswagen nutzt, doch ist es fraglich, ob er auch anschließend alle anderen Konkurrenzunternehmen kontaktiert. Dieses wird zusätzlich durch die Informationsvielfalt, -heterogenität und schlechte Handhabung der Internet-Suchmaschinen verstärkt. So weiß ein Kunde nie, ob er den umfassenden Marktüberblick hat. Der Einsatz eines COIN bewirkt, daß das Unternehmen sich auf diesen Ausschnitt des Internet konzentrieren und die notwendige Begleitwerbung reduzieren kann, da dieser Konsument bspw. einen Kfz-COIN „besucht" und dort automatisch das Angebot des Unternehmens finden sollte. Es muß nun Werbung für den COIN betrieben werden, welche jedoch nicht nur durch einen Anbieter finanziert wird. Gesamtwirtschaftlich reduziert sich der Werbeaufwand in diesem Bereich bzw. steigt die Werbeeffektivität [TRAD97].

4.2.3 Vertrauen und Sicherheit

Der kommerziellen Nutzung des Internet wird bereits seit längerer Zeit eine große Zukunft prognostiziert. Jedoch sind bisher in Anbetracht der Investitionen nur geringe Umsätze zu verzeichnen. Der Grund hierfür liegt hauptsächlich in den Mängeln der Performance, Verläßlichkeit und Sicherheit. Hier ist besonders der Aspekt der Verwendung personenbezogener Daten und Verfahren der Bezahlung zu nennen. Hier könnten COINs abhelfen [LADU97]:

Ein COIN bildet einen vertikalen Markt ab und beinhaltet somit die Unternehmen, die für den Prozeßabschluß notwendig sind. Die anzulegende virtuelle Akte wird somit nur zwischen den Anbietern und dem Konsumenten verschickt und bearbeitet. Somit befinden sich die Daten zu jeder Zeit auf einem COIN-Server und wird durch die COIN-Applikationen verändert. Die Unternehmen, die Einfluß auf die Daten haben, sind registrierte und legitimierte Teilnehmer eines COIN. Die problematische Anonymität des Internet, die eine digitale Signatur und Authentisierung erzwingt, ist hier weniger hemmend. Es stellt sich lediglich die Frage des Vertrauens in das System selber. Dieses könnte durch eine entsprechende Registrierung bei einem Trustcenter erfolgen. Schließlich bleibt festzuhalten, daß Konsumenten den in einem COIN teilnehmenden Unternehmen mehr Vertrauen entgegenbringen und so ein Modell entwickelt werden kann, das eine sichere Möglichkeit des elektronischen Geschäftsabschluß bietet [DILL97].

Desweiteren ist an dieser Stelle auf die Bedeutung des Community-Gedankens einzugehen. Hier ist ein großer Mangel des bisherigen Online-Handels zu finden. So existiert immer noch eine große Distanz zwischen Kunden und Anbieter und ein Telefonat vermittelt mehr Nähe und Vertrauen als der Besuch auf einer Internetseite. Für den Nutzer ist es weiterhin sehr schwierig, das Angebot auf Richtigkeit und Vollständigkeit zu überprüfen. Eine Community stellt eine Interessengemeinschaft zum schnellstmöglichen Austausch von Informationen dar. Die Teilnehmer können sowohl Anbieter als auch Nachfrager sein. Eine Community orientiert sich meistens an einem bestimmten Zweck/thematische Bündelung bzgl. eines Kaufvorgangs (bspw. Erwerb einer Immobilie). Das Internet war früher nichts

anderes als eine Community; allerdings ist es durch die Vielfalt und dem Reiz des Miß-
brauchs nicht mehr überschaubar und der Nutzer fühlt sich in der Masse der Anbieter verloren [BORL97]. Ein COIN kann hier die virtuelle Welt eingrenzen und bei dem Konsumenten das Vertrauen schaffen, das für eine Transaktion notwendig ist, denn ein ausge-
reifter COIN würde beim Nachfrager bewirken, daß er einen Marktüberblick besitzt. Zusätzlich liegt die Verweilzeit eines potentiellen Kunden auf den Internetangeboten eines
Community-Anbieters und die Kaufbereitschaft wesentlich höher als bei einem traditionellen Web-Angebot, das unter eigener Adresse zu erreichen ist [SEEG97, S. 41; HOF97].

4.2.4 Datenerhebung und -nutzung

Das gemeinsame Interesse an einen Geschäftsabschluß bedeutet, daß die Daten, die von
den Unternehmen genutzt werden müssen, identisch bzw. ähnlich sind. Durch die gemeinsame Plattform eines COIN ist es möglich, daß Daten von den Konsumenten bzw. Produktkataloge etc. einmalig eingegeben werden und anschließend von den Applikationen
der Unternehmen entsprechend den Restriktionen des Kunden genutzt und verändert werden. Dies bewirkt, daß Daten nicht redundant gehalten werden müssen und somit neben einer unnötigen Speicherplatzbelegung eine Fehlerquelle bei Dateneingabe und -manipula-
tion vermieden wird [DILL97].

4.2.5 Mehrwert

Zunächst ist an dieser Stelle die Kritik an den bisherigen Internetangeboten zu nennen. Die
Unternehmen investieren in dieses neue Medium aus verständlichen Risikogründen nicht
im ausreichenden Maße und dementsprechend werden lediglich die elektronischen Versio-
nen der Printkataloge präsentiert. Der Kunde stellt sich hier die Frage des zusätzlichen
Nutzens (Mehrwert) und bevorzugt – besonders wenn er technophob ist – den traditionellen Weg. Ein Anbieter muß bestrebt sein, dem Konsumenten ein Angebot zu bieten, das
über das Gewohnte hinausgeht. Dieses kann bspw. in Form von ausführlichen Informationen, besonderen Nachrichten oder Zusatzangeboten erfolgen. Ein COIN kann hier diesen
Trend zu Added Value unterstützen, indem der Kunde im Vorfeld bzw. parallel zu dem
Geschäftsprozeß informiert und zu der Transaktion geführt wird. Durch diesen Zusatznutzen steigt die Akzeptanz des Angebots und schafft beim Kunden Vertrauen, denn es
wird deutlich, daß das Unternehmen nicht die „schnelle Mark machen", sondern durch Leistung und Qualität überzeugen will [KNIE97, S. 59; KOSI97, S. 133f.].

4.2.6 Neue Geschäftsfelder

Ein COIN kann einerseits bestehende Markttransaktionen (vertikale Märkte) unterstützen und andererseits auch neue Märkte erst ermöglichen. So ist vorstellbar, daß Geschäftsprozesse bisher nicht realisiert wurden bzw. von Konsumenten nicht nachgefragt worden sind, weil bspw. die entsprechenden Kosten zu hoch waren oder eine Zusammenarbeit der Unternehmen zur Abwicklung dieser mehrstufigen Geschäftsprozesse nicht realisierbar erschien. Durch das Geschäftsmodell COIN ist es möglich, daß Kosten gesenkt werden, weil die Unternehmen nur ihre effizienten Kerngeschäfte anbieten und die Zusammenarbeit zwischen den Unternehmen in elektronischer Form ökonomischer gestaltet werden kann. Weiterhin ist zu erwarten, daß durch das Potential neuer Geschäftsbeziehungen neue Unternehmen, Produkte und Dienstleistungen entstehen, die sich aus der neuen Offenheit der elektronischen Internet-Marktplätze ergeben werden. So werden bspw. bereits bestehende Unternehmen nicht alle Anforderungen, die ein COIN stellt, erfüllen können und es ergeben sich unternehmerische Möglichkeiten für den Betreiber eines COIN. Schließlich handelt es sich bei den Produkten, die über ein COIN verkauft werden können, um weitere Absatzpotentiale des EC. Insofern ergeben sich neue Möglichkeiten des Absatzes, und Unternehmen, die hier frühzeitig einsteigen, können in schneller Zeit zu Marktführern werden. Dieses hat zur Folge, daß man im EC-Umfeld dieser Produkte aber auch absolut gesehen (traditioneller und elektronischer Absatz) eine führende Rolle einnehmen wird [DILL97].

4.2.7 Kernkompetenzen

Nach einer Studie von Gemini Consulting geht man davon aus, daß Erfolg im EC nur unter der Voraussetzung der Fokussierung auf die Kernkompetenzen zu realisieren sein wird [GEMI98, S. 38]. Diese Strategie bietet den Vorteil, daß nur die Leistungen angeboten werden, die von dem Anbieter am effizientesten produziert werden können (u. a. durch kürzeste Durchlaufzeiten): Man verfügt über mehrjährige Erfahrung auf dem Gebiet und kann auf hochwertiges Know-how zurückgreifen. Die Folge ist, daß der Kunde ein Produkt erhält, das kostengünstig und qualitativ hochwertig ist. Dadurch erhöht sich der Umsatz für diese Ware, das Unternehmen kann die eigene Forschung mittels der Zusatzeinnahmen intensivieren und die eigene Kernkompetenz verbessern. Wenn man sich auf die Kerngeschäfte konzentriert, fallen im eigenen Unternehmen unrentable Bereiche weg, die wesentlich effizienter von spezialisierten Unternehmen übernommen werden können. Auf diese Weise bildet sich ein Potential für Unternehmensgründungen. Als ein weiterer Vorteil ist zu nennen, daß die Nutzung der Kernkompetenzen diese Unternehmen zwingt, interorganisational zusammenzuarbeiten und mittelfristig über eine bessere IT-Struktur und bessere Ressourcen (verbunden mit entsprechend geringeren Kosten) zu verfügen. Schließlich mündet dieses in einem besseren Zugang zu Informationen (bspw. Marktpotentiale, Forschungsergebnisse oder Kundenprofile) [DILL97; KLEI93, S. 11; PRAH90, S. 80f.].

4.3 Probleme und Grenzen des Konzeptes

Angesichts der Vorteile und Potentiale stellt sich an dieser Stelle die Frage, welche Probleme mit der Einführung und des Betriebes eines COIN verbunden sind und wo die Grenzen zu erkennen sind. Die nachfolgenden Kapitel stellen einen Überblick über die Aspekte dar, die näher ins Kalkül gezogen werden müssen, wenn ein Unternehmen überlegt, ob es sich in einem COIN engagieren will. Dem Leser werden verschiedene Aspekte gezeigt, die die Entwicklung eines COIN beeinträchtigen und dabei besonders die Belange des Konsumenten tangieren.

4.3.1 Interorganisationale Unternehmenssicht

Charakteristisch für einen COIN ist, daß die EC-Anwendungen – neben dem elektronischen Kontakt zum Konsumenten – zwischenbetrieblich organisiert werden. Dieses hat zur Folge, daß die Anwendung nicht von einem Unternehmen allein besessen und organisiert werden kann, die Einführung und Anpassung mittels Absprache zwischen verschiedenen Marktteilnehmern vorgenommen werden muß, die relativen Kosten und Erlöse der Unternehmen variieren und das eigene Engagement abhängig ist von dem anderer Unternehmen. So ist es für einen Anbieter profitabel, an einem COIN teilzunehmen, wenn ein entsprechend hohes Besucheraufkommen zu erwarten ist. Es bleibt festzuhalten, daß es im interorganisationalen Bereich wichtig ist, daß zwischen Unternehmen regelmäßig Absprachen bzgl. der Organisation und der Architektur des COIN getroffen werden müssen und der COIN-Organisator bemüht sein muß, eine kritische Masse der Teilnehmer (Anbieter und Nachfrager) in einen COIN zu integrieren [MURC95a, S. 11; NOUW97].

4.3.2 Intraorganisationale Unternehmenssicht

Für die Beantwortung der Frage, ob ein Unternehmen sich an einem COIN beteiligen soll, ist wichtig, welche Rolle das Unternehmen heute und in der Zukunft in der Wertschöpfungskette spielt. Dabei ist die Unterscheidung zwischen Hub und Spoke zu beachten. Die Hubs sind die dominanten Marktteilnehmer (bspw. Hersteller oder große Handelsketten) und stellen das Zentrum der Transaktionen dar. Die Spokes hingegen stellen eine

Vielzahl von Unternehmen dar, die mit den Hubs Handel treiben, jedoch durch ihre – singulär betrachtet – geringe Marktmacht wenig Einfluß auf die Aktionen der Hubs haben. Sie haben sich unterzuordnen, da sonst das Geschäft mit einem Konkurrenzunternehmen abgeschlossen wird. Auswirkungen hat diese unterschiedliche Rollenverteilung auf die relativen Kosten und Erlöse, die Verteilung der Gewinne zwischen Hub und Spoke sowie die Art der Datenanbindung und der Form des EC. Insofern kann es Fälle geben, bei denen ein Unternehmen aus Gründen der Erhaltung des eigenen Marktvolumens in einen COIN einsteigt, obwohl dieses betriebswirtschaftlich gesehen zunächst nicht sinnvoll erscheint. Doch der eben angeführte Grund würde im gegensätzlichen Fall dazu führen, daß das Unternehmen aus dem Markt verdrängt wird und in seiner Existenz gefährdet ist [MURC95a, S. 11; WEBS95, S. 6f.].

Weiterhin stellt sich das Problem, daß die organisatorische Einbindung der EC Aktivitäten innerhalb der Unternehmen mangelhaft ist. In der Regel werden gute informelle Angebote präsentiert (Informationen bzgl. Unternehmensschwerpunkte, -anschrift oder Ansprechpartner), jedoch der Transaktionsbereich (Bestellwesen und innerbetriebliche Weiterverarbeitung) ist stark verbesserungswürdig. Die Gründe sind darin zu finden, daß die EC-Applikationen informationstechnisch oft parallel zu den Inhouse-Anwendungen angeordnet sind und die Organisation der Geschäftsbereiche und Stellen nicht auf die sofortige Datenbearbeitung ausgerichtet ist. Dieses Problem wird nach und nach im Bereich der Privatwirtschaft angegangen, doch die für die Realisierung eines COIN wichtige öffentliche Verwaltung benötigt für eine Umsetzung umfangreiche verwaltungsinterne Reformen. EDV und Mitarbeiter müssen gleichermaßen auf die neuen Aufgabenfelder vorbereitet werden, denn nur unter diesen Voraussetzungen ist eine effektive Unterstützung komplexer Geschäftsprozesse über das Internet realisierbar [BREN98, S. 65f.]. Hier ist jedoch hilfreich, daß bereits über 80 % der Großstädte ein Internetangebot besitzen und somit schon über erste Erfahrungen verfügen [STÄD98].

4.3.3 Konsumentenbezug

Das Internet bietet den Unternehmen und den Konsumenten eine gute Möglichkeit, interaktiv zu kommunizieren. Hierunter versteht man eine Art der Kommunikation, die einerseits fähig ist, andere ansprechen zu können und andererseits die entsprechende Reaktion zur Kenntnis nehmen und festhalten kann. Dadurch wird es möglich, den Kunden ziemlich schnell entsprechend seiner spezifischen Angaben anzusprechen. Diese Interaktivität bietet die Chance, den Marktbeziehungen eine gewisse Menschlichkeit zu verleihen und gleichzeitig aber nicht die Kostenvorteile des Massenmarketing aufzugeben. Jedoch ist kritisch anzumerken, daß dieses Potential nur genutzt werden kann, wenn das Unternehmen die Kommunikation in entsprechende Geschäftsaktionen umsetzen kann. So muß die Organisation (inkl. der verfügbaren Daten und anzusteuernden Schnittstellen) vorbereitet sein [DEIG97, S. 72]. Doch Interaktivität unterscheidet sich wesentlich vom bisherigen Verhalten der Endverbaucher. Diese treten selten in einen intensiven Kontakt zum Unternehmen, sondern zeichnen sich durch gelegentliche Besuche und sporadische Käufe aus. Eine längere Beratung ist eher die Ausnahme. Unternehmen müssen demnach das Problem der Einschüchterung durch bisherige interaktive Erfahrungen beseitigen. Dieses kann bspw. durch unterhaltsamen, vergnüglichen und wertvollen Zeitvertreib erfolgen und hängt von der Zielsetzung des COIN ab. Auf diese Weise erscheint es möglich, Verbraucher zu wiederholten Informationsanfragen zu bewegen, Vertrauen zu schaffen und in nächster Stufe Interaktivität zu realisieren [HOFF97b, S. 83].

Die Zielsetzung eines COIN ist die Abwicklung eines komplexen Vorgang unter Nutzung des Internet. Dies bedingt jedoch, daß der Kunde keine Scheu besitzt, sich mit dem Medium auseinanderzusetzen, doch gerade hier mangelt es in Deutschland (noch). Eine Befragung von Forrester Research besagt, daß der Hauptgrund für die fehlende Akzeptanz des EC neben den durch die noch nicht vollzogene Liberalisierung des Telekommunikationsmarktes hohen Verbindungsgebühren und der schlechten Infastruktur die Technikfeindlichkeit des Menschen ist. Man geht jedoch davon aus, daß diese Aspekte in den nächsten 3 Jahren in der Bedeutung zurückgehen werden [FORR98, S. 9].

Ein weiterer Aspekt ist die globale Bedeutung des Internet. Ein COIN kann bspw. thematisch oder auch geographisch ausgerichtet sein. Im ersten Falle ist denkbar, daß Unternehmen aber auch Kunden aus den verschiedenen Teilen der Erde potentielle Marktteilnehmer sind. Trotz aller Internet-Euphorie hat ein Großteil der Erdbevölkerung keinen Internet-Zugang. So droht eine Spaltung der Gesellschaft in einen Teil der über elektronische Informationen verfügen kann und einen anderen Teil, der im Gegensatz zu diesen „Information Rich" zu den „Information Poor" gehört. Dieser Effekt ist zum einen unter gesellschaftspolitischen Aspekten zu bewerten, aber andererseits muß bei der Ausrichtung eines COIN beachtet werden, ob die Zielgruppe des Marktsegments über entsprechende Erfahrungen und Möglichkeiten der Internetnutzung verfügen kann. Insofern ist es sinnvoll, sich auf den deutschen bzw. europäischen Markt zu konzentrieren und ein regionales Konzept wie bspw. die Electronic Mall Bodensee (www.emb.net) zu verfolgen [KLEI98, S. 45; KOSI97, S. 89].

Schließlich stellt sich die Frage, inwieweit die Konsumenten bereit sind, die Angebote zu nutzen und entsprechende Umsätze produzieren. Hier spielt einerseits das Produkt eine Rolle: Heutzutage werden hauptsächlich High-Tech-Waren elektronisch abgesetzt, weil diese Kunden mit dem Internet vertraut sind und nicht als technologiefeindlich einzustufen sind. Andererseits ist es auch möglich, daß zurückhaltende Kunden nicht den erwünschten Effekt (Umsätze) bewirken, sondern eher verunsichert sind. In dem Falle kann es sinnvoll ein, wenn man nicht nur auf die Präsentation der Unternehmen fixiert ist, sondern auch „Konsumenten-Ecken" – wie bspw. Chat-Foren oder Bill-Boards – einrichtet, in denen ein informeller Austausch zwischen den Kunden möglich ist. Dieser Weg ist jedoch aus Unternehmersicht auch mit Vorsicht zu bewerten, weil es durchaus wahrscheinlich sein kann, daß die Besprechung eines Produktes zu Umsatzminderungen führen kann. Diese Wirkung tritt jedoch nur bei qualitativ minderwertigen Produkten ein, die man zuvor nur durch Informationsasymmetrie absetzen konnte [HAGE97, S. 72f. u. S. 77].

4.4 Einsatzmöglichkeiten des Konzeptes

Im folgenden Kapitel werden die Unternehmen typologisiert und anschließend wird auf die Produkteigenschaften eingegangen. Dabei soll dargestellt werden, welche Unternehmen und Produkte sich für das COIN-Konzept eignen.

4.4.1 Unternehmenstypologie

Zunächst erfolgt eine klassische Systematisierung der deutschen Wirtschaft auf Unternehmensebene bevor anschließend auf aktuelle Einflüsse und Kritik eingegangen wird.

4.4.1.1 Klassische Typologie der Unternehmen

Der Begriff Unternehmen bezeichnet sämtliche Betriebe des marktwirtschaftlichen Wirtschaftssystems. Betriebe wiederum sind planvoll organisierte Wirtschafteinheiten, in denen Wirtschaftsgüter und Dienstleistungen erstellt und abgesetzt werden. Triebfeder des Unternehmen ist, daß unter Nutzung des Autonomieprinzips dem erwerbswirtschaftlichen Prinzip nachgegangen wird. Somit versucht das Unternehmen, bei der Leistungserstellung und -verwertung das Gewinnmaximum zu erreichen. Insofern ist nicht jeder Betrieb ein Unternehmen. Es sind auch private und öffentliche Haushaltungen abzugrenzen, die nicht den maximalen Gewinn sondern den maximalen Nutzen zum Ziel haben. [WÖHE96, S. 2-6].

Betriebe und Unternehmen lassen sich durch verschiedene Gliederungsmöglichkeiten kate-
gorisieren. Die gebräuchlichsten sind eine Unterteilung nach Wirtschaftszweigen, vorherr-
schenden Produktionsfaktoren, Betriebsgröße, Standortabhängigkeit, Beweglichkeit,
Rechtsform, Art der Leistungserstellung und Art der Leistung [WÖHE96, S. 14-19]. Die
einzelnen Kategorien lassen sich auch noch weiter unterteilen, doch soll an dieser Stelle
auf die letztgenannte eingegangen werden:

Ein wesentliches Merkmal ist, daß neben der Unterteilung zwischen Produktionswirtschaft
und Konsumtionswirtschaft sich die Unternehmen weiter in Sachleistungsbetriebe und
Dienstleistungsbetriebe gliedern lassen. Sachleistungsbetriebe sind in der Regel Indu-
striebetriebe, die dadurch gekennzeichnet sind, daß sie ein physisches Produkt herstellen.
Dienstleistungsbetriebe dagegen unterteilen sich grob in Handelsbetriebe, die Sachgüter
sammeln und verteilen, Bank-, Verkehrs-, Versicherungs- und sonstige Dienstleistungsbetriebe wie Hotels, Reisebüros, Steuerberatungsgesellschaften usw. [WÖHE96, S. 15f.].

Die Abbildung 14 verdeutlicht diese Gliederung:

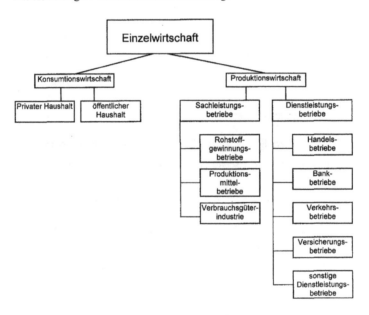

Abbildung 14: Gliederung der Einzelwirtschaften [WÖHE96, S. 16]

4.4.1.2 Aktuelle Entwicklung

Die soeben skizzierte Typologie ist heutzutage idealtypisch. Die Realität zeigt, daß es anstelle dieser klaren Trennung zu einer Verwischung der Bereiche kommt. Eine Unterscheidung zwischen Sachleistungs- und Dienstleistungsbetriebe ist nicht mehr deutlich zu erkennen. Dieses liegt in der Regel daran, daß der tertiäre Sektor der Wirtschaft dominiert
und von einer Dienstleistungsgesellschaft gesprochen wird. Dieses wirkt sich nicht nur bei
Unternehmensneugründungen aus, sondern auch Produktionsunternehmen der Verbrauchs-
güterindustrie sind verstärkt im Dienstleistungsbereich tätig. Als Beispiel seien hier die
Angebote der Automobilindustrie im Bereich der Finanzierung bei einem Kfz-Kauf erwähnt [KUHL96, S. 56f.].

Man kann jedoch diese Entwicklung nicht auf alle Bereiche der Wirtschaft verallgemei-
nern. Die Diskussion über die Rückbesinnung auf die Kernkompetenzen eines Unternehmens zeigt, daß ein Konglomerat von Geschäftsbereichen der verschiedensten Arten nicht
immer von Vorteil sein muß. Vielmehr wird versucht, im Wege einer Kooperation (frei-
willigee Zusammenarbeit selbstständiger Unternehmen) Ziele wie Verbesserung der eigenen Marktposititon, Kostensenkung, Synergieeffekte, Überwindung von Markteintrittsbarrieren, Zugang zu Schlüsseltechnologien etc. zu verwirklichen [SCHI89, S. 43;
HOPF95, S. 213]. Wesentliches Merkmal eines COIN soll sein (wie oben dargestellt), daß
die Unternehmen ihre Kernkompetenzen nutzen und die entsprechenden Waren und
Dienstleistungen offerieren. Die bspw. aus der Sicht eines Automobilherstellers Sekundär-
leistungen (wie Finanzierung, Versicherung etc.) werden in einem COIN von spezialisierten Unternehmen angeboten, die auf diesem Gebiet effizienter und ohne Quersubventionen
arbeiten können, da dieser Bereich ihre Kernkompetenz darstellt.

Bei der Betrachtung der Kernkompetenzen sollte man auf die idealtypische (klassische)
Typologie der Unternehmen zurückgehen und dementsprechend das eigene Unternehmen
einordnen und auch einen COIN entsprechend strukturieren.

Der Einstieg in ein COIN-System eignet sich besonders für folgende Unternehmenstypen
[DILL97]:

- Anbieter mit regionalem Absatzmarkt, die das Internet als strategisches Geschäftsmodell begreifen,

- Unternehmen mit sehr speziellen Produkten, die nur bei einem globalen Absatzmarkt
  adäquate Stückzahlen absetzen können,

- regionale Marketingentwicklungen,
- regionale Finanzierungsunternehmen, Hersteller, Großhändler und
- regionale Internet-Infrastruktur-Anbieter.

In diesem Kapitel wurde eine Unterscheidung anhand der Art der Leistung vorgenommen. Im Folgenden soll hierauf näher eingegangen werden, indem gezeigt wird, welche Merkmale ein Produkt für den Einsatz in einem COIN-System prädestinieren.

4.4.2 Produkteigenschaften

Der elektronische Handel eines Produktes setzt bestimmte Eigenschaften voraus, die exogen vorgegeben sind. An dieser Stelle soll eine Checkliste präsentiert werden, die helfen soll, zu prüfen, ob für ein Produkt der unterstützende Einsatz eines COIN möglich und ökonomisch sinnvoll ist. Dabei werden sich einige Eigenschaften ergänzen aber auch gegenseitig ausschließen. Anhand dieser Unterkapitel soll die Aufmerksamkeit auf Aspekte gerichtet werden, die speziell für den Einsatz in einem System zur Unterstützung komplexer Prozesse über das Internet beachtet werden sollten.

4.4.2.1 Digitalisierung

Informationen besitzen heutzutage eine immer größere Bedeutung. So werden immer weniger natürliche Ressourcen zu Industriegüter umgewandelt, stattdessen werden immaterielle Güter zu weiteren materiellen Zwecken genutzt. Der bestimmende Produktionsfaktor ist Kommunikation, welche das jeden menschlichen Verhaltens begleitende Informationsverhalten, das zielgerichtet eingesetzt wird, um produktive Leistung zu erzielen, darstellt [MÜLL96, S. 24f.]. Für jeden Geschäfsprozeß muß der Kunde vorher und währenddessen mit Informationen versorgt werden. Hier bietet sich das Geschäftsmodell COIN als mögliche Plattform für den Informationsaustausch zwischen den Wirtschaftssubjekten an. Genau auf diesen Kommunikationsbedarf sollte ein COIN ausgerichtet sein.

Im Folgenden soll versucht werden, den Begriff digitales Gut zu beschreiben und anhand von Kategorisierung und Klassifizierung eine Einordnung für ökonomische Zwecke vorzunehmen.

4.4.2.1.1 Beschreibung und Kategorisierung

Grundsätzlich soll an dieser Stelle zwischen physischen und digitalen Gütern unterschieden werden. Digitale Güter habe die Eigenschaft, daß sie in der Form von elektronischen Bits über Datennetze transportiert werden können. Informationen stellen zunächst ein digitales

Gut im weitesten Sinne dar. Der andere Extremfall, das physische Gut, ist zu beschreiben als ein Gut, in das Materialien eingehen, die aber nicht elektronisch übermittelt werden können. Es ist allerdings zu beobachten, daß mittlerweile der Verkauf physischer Produkte vermehrt durch die Internet-Nutzung unterstützt wird. Es stellt sich demnach die Frage, inwieweit Waren und Vorgänge in digitale Produkte umgewandelt werden können und ob der gesamte Prozeß zerstückelt werden kann, um anschließend nur noch die rein physischen Materialien auf traditionellem Wege zu liefern. Als Beispiele seien hier alle papierbasierten Produkte genannt, die durch Benutzung eines Scanners in elektronische Form umgewandelt werden können. So ist es möglich, daß Formulare der öffentlichen Verwaltung oder Eintrittskarten über das Internet übermittelt werden [WHIN97, S. 59-63].

Zunächst soll eine grobe Unterteilung digitaler Produkte vorgenommen werden:

Tabelle 4: Kategorien digitaler Produkte [WHIN97, S. 64]

Information und Entertainment Produkte	• Papierbasierte Informationsprodukte: Zeitung, Bücher • Produktinformationen: Gebrauchsanleitung, Arbeitsanweisungen • Grafiken: Fotos, Stadtpläne, Kalender • Audio: Musikaufnahmen, Audioaufzeichnungen • Video: Spielfilme, TV-Programm
Symbolische Produkte	• Tickets und Bescheinigungen: Flugticket, Hotelreservierung, Konzert- u. Sportticket • Finanzinstrumente: Schecks, elektronische Währungen, Kreditkarten, Sicherheiten
Geschäftsprozesse und Dienstleistungen	• Angebote der öffentlichen Verwaltung: Formulare, Warengutscheine • Elektronische Nachrichten: Briefe, Faxe, E-Mail • Unterstützende Geschäftsprozesse: Bestellwesen, Buchhaltung, Inventarmanagement, Vertragsfindung • Auktionsveranstaltungen • Fernbildung, Telemedizin und sonstige interaktive Leistungen • Cybercafés und interaktives Entertainment

4.4.2.1.2 Merkmale von Informationsprodukten

Heutzutage sind digitale Güter auf elektronischen Marktplätzen in Form von Informationsprodukten vorzufinden. Im Folgenden soll auf die wesentlichen Eigenschaften von Informationen (auch nicht-digitaler) eingegangen werden [WHIN97, S. 65-69]:

• Im Gegensatz zu physischen Produkten stellt sich bei Informationsprodukten **kein physischer Abnutzungsverbrauch** ein. Hier wird die Idee der Information und das mögliche Weiternutzungspotential verbraucht. Der Wert des Produktes hängt stärker von den heterogenen Präferenzen des Konsumenten ab. Dieses hat zur Folge, daß der Anbieter in größerem Maße auf die Wünsche des Kunden achten muß, weil sich mittelbar aus diesen Signalen der Wert des eigenen Produktes für zukünftige Aktivitäten ergibt.

Dementsprechend orientiert sich der Preis stärker an der Wertschätzung des Kunden als an den marginalen Kosten der Produktion.

- Informationsprodukte sind **zeitabhängig**. Sie stellen für den Konsumenten nur dann einen Nutzen dar, wenn die Information zum richtigen Zeitpunkt verfügbar ist. Als Beispiele seien hier Wetter- oder Börsenkursprognosen genannt. Doch ist auch anzumerken, daß die Fähigkeit, besonders schnell und einfach recycled und wiedergenutzt zu werden, von Vorteil für die Archivierung und Produktion weitere Informationen sein kann. Insofern ist dieses Argument relativ. Probleme bereitet diese Eigenschaft unter dem Aspekt des Copyright und der Preiskalkulation.

- **Externe Effekte** stellen ökonomische Folgen dar, die über den Preis- und Marktmechanismus zahlentechnisch nicht dargestellt werden (können). Informationsprodukte besitzen den Netzwerkeffekt. Dieser *positive Effekt* besagt, daß der Benutzer eines Netzwerkes erst dann einen Vorteil erfährt, wenn auch eine Vielzahl von Netzwerkpartnern vorhanden ist. Insofern bewirkt die Teilnahme anderer Menschen und Unternehmen, daß für den einzelnen das Medium sinnvoll und vorteilhaft erscheint. Als Beispiel sei hier das Telefon oder E-Mail genannt. Erst wenn der Gesprächspartner über die gleiche Technik verfügt, ist die Nutzung sinnvoll. Entsprechend ist es für ein Unternehmen sinnvoll, sich an einem COIN-System zu beteiligen wenn eine gewisse Anzahl potentieller Kunden auf diesem Wege zu erreichen ist. Dieses gilt auch umgekehrt aus Konsumentensicht.

  Durch die Tatsache, daß digitale Produkte einfach zu vervielfältigen sind und somit im Gegensatz zu physischen Produkten auch gleichzeitig von mehreren Personen benutzt werden können, können andere sehr schnell über die gleiche Information verfügen. Hier ergibt sich der *negative Effekt*, daß eine Information einen hohen Wert besitzt, solange man hierdurch einen Wissensvorsprung gegenüber anderen besitzt. Je mehr Wirtschaftssubjekte über die gleiche Information verfügen, desto wertloser wird diese. Als Beispiel seien hier Marktinformationen bzgl. Investitions- bzw. Spekulationsentscheidungen zu nennen.

- Informationsprodukte müssen sich voneinander unterscheiden. Dieses kann durch **Exklusivität** des Originals bzw. der Kreativität des Produzenten erfolgen. Man kann sich dadurch auszeichnen, daß der Autor einen besonderen Standpunkt vertritt oder sehr speziell die Wünsche des Kunden behandelt. Die Individualität der Produkte, die durch die Nutzung elektronischer Medien einfacher zu realisieren ist, gibt die Möglichkeit,

sich von der Konkurrenz abzuheben. Bspw. ist das Zusammenstellen von Informationen in Form von Zeitungsmagazinen nichts anderes als ein Verpacken von Informationen in verschiedene Bündel. Entscheidend ist jedoch, die Informationen so zu präsentieren, daß die Mischung für den Konsumenten attraktiv ist.

4.4.2.1.3 Physische Merkmale digitaler Produkte

Während im letzten Kapitel auch auf nicht-digitale Produkte eingegangen wurde, sollen
hier die physischen Merkmale digitaler Güter behandelt werden [WHIN97, S. 70-73]:

- Physische Produkte (wie KfZ oder Kleidung) nutzen sich im Zeitverlauf ab. Digitale
  Produkte zeichnen sich durch **Unzerstörbarkeit** aus, indem sie nicht durch Nutzung in
  der Qualität nachlassen. Mehrmalige Benutzung hat keinen Einfluß auf die zukünftige
  Eignung des Materials. Dieses hat zur Folge, daß sich der Produzent bewußt sein muß,
  daß sein Produkt – in der Ursprungsform – nicht noch einmal neu nachgefragt werden
  wird. Er kann neue Umsätze nur dadurch erreichen, daß er das Produkt in regelmässi-
  gen Abständen aktualisiert (Update) oder anstelle des Verkaufes im Rahmen einer Li-
  zenzierung durch monatliche Zahlungen dem Kunden die Erlaubnis gibt, das Produkt
  zu nutzen. Dieses hat für den Konsumenten den Vorteil, daß er stets über die aktuellste
  Version verfügen kann und der Anbieter die Gefahr des unerwünschten Weiterverkaufs
  seiner Waren bekämpfen kann.

- Digitale Produkte zeichnen durch eine einfache Möglichkeit der **Manipulation** aus.
  Veränderungen, die aus verschiedenen Intentionen vorgenommen werden können, ge-
  fährden die Kontrolle des Produzenten bzgl. der Integrität des Produktes. Dem Problem
  versucht man auf technischem (Authentifizierung, digitale Schutzmechanismen) oder
  juristischem Wege (Verbot der Manipulation von Internet-Produkten) zu begegnen,
  doch die sinnvollste Alternative stellt die Lebendigkeit des Produktes (häufige Updates) und der Betrieb als interaktives Angebot mit bidirektionalen Kontakt zum Kunden dar. Dieser Weg ist nicht immer realisierbar, doch gerade im Bereich der Produktberatung, Vertragsfindung und Kundendienst sinnvoll.

- Charakteristisch für digitale Produkte ist schließlich die einfache Möglichkeit der **Reproduktion, Speicherung und Weiterübermittlung**. Dieses hat Auswirkungen auf
  die Kosten- und Preiskalkulation: Die Produkte zeichnen sich dadurch aus, daß die fixen Investitionskosten sehr hoch und im Gegensatz dazu die variablen Produktionsko-
  sten sehr gering sind. Es muß demnach das Bestreben des Produzenten sein, seine Fix-

kosten über den Markt (den Verkauf des einzelnen Produktes) auszugleichen. Aus diesem Grunde muß er in seine Kalkulation einbeziehen, von welchen Absatz er ausgehen kann, und demnach wird er bestrebt sein, eine illegale Reproduzierbarkeit zu verhindern. Er kann dieser Gefahr begegnen, indem er das Produkt häufig aktualisiert, technische Schutzmechanismen anwendet oder über Copyright-Zahlungen seine Kosten deckt.

4.4.2.1.4 Klassifizierungskriterien

Das folgende Kapitel beschäftigt sich mit der ökonomischen Einstufung digitaler Produkte. Es werden fünf Klassifizierungskriterien dargestellt, mit denen unter dem Aspekt der Preisfindung die ökonomischen Probleme erkannt und mögliche strategische Entscheidungen getroffen werden können [WHIN97, S. 76-84]:

- **Transportmodus**: Unterschieden wird zwischen der Verteilung von Information (wie tägliche elektronische Nachrichten) und interaktiven Anwendungen (wie Ferndiagnose). Interaktion bedeutet die Nutzung von Real-Time-Applikationen, die eine umgehenden Austausch von Anfrage und Antwort zwischen Nachfrager und Anbieter ermöglichen. Diese Anwendungen sind heutzutage die Ausnahme. Meistens findet man im Internet lediglich die Lieferung digitaler Produkte an den Kunden (hierunter fallen auch die Internet-Suchmaschinen), jedoch eine direkte Reaktion des Unternehmens findet nicht statt. Begründet ist dieses durch den Zwang zu entsprechenden organisatorischen Veränderungen im Unternehmen, die die Wünsche des Kunden unmittelbar umsetzen müssen. Jedoch ist eine Änderung abzusehen, die im Bereich Kundenservice, Beratung und Diagnose anzusiedeln ist.

- Wie bereits erwähnt zeichnen sich digitale Produkte durch **Zeitabhängigkeit** aus. Diese Produkte verlieren an Wert je mehr sie „out-of-date" sind. Für den Produzenten stellt sich die Frage, ob er seine Produkte zeitabhängig gestaltet. Dafür spricht das Argument, daß er eine Reproduktion aus Gründen der fehlenden Aktualität verhindern kann und einen Konsumenten durch regelmäßige Updates zu einem wiederholten Besuch der Homepage bzw. des Internet-Angebots bewegen kann. Dagegen spricht jedoch, daß die Zeit, die benötigt wird bis das Gut beim Kunden ist, den Wert reduziert. Für die Übermittlung ist der Anbieter auf Netzwerkdienste wie das Internet angewiesen und Netzwerkprobleme, die durch Dritte verursacht werden, beeinflußen die Qualität des eigenen

Produktes. Man muß demnach beurteilen, wie verläßlich der Netzwerkpartner und wie wichtig die Zeitabhängigkeit des Gutes für den Unternehmenserfolg ist.

- Bei der **Intensität der Nutzung** des Produktes wird zwischen einmaligen und mehrmaligen Gebrauch unterschieden. Im ersten Fall nimmt der Nutzen bei jedem Gebrauch des Gutes ab. Als Beispiel sind hier Informationen zu nennen, die nach und nach mehreren Menschen bekannt werden und so nutzloser werden. Produkte, die mehrmals genutzt werden, zeichnen sich hingegen durch eine stetige Zunahme des Nutzens aus. Erwirbt der Kunde z. B. ein Computerprogramm, das geschäftlichen Zwecken dient, wird er mit jeder Nutzung mit der Bedienung vertrauter und kann es besser einsetzen. Unternehmen werden bemüht sein, zu verhindern, daß Produkte des einfachen Gebrauchs an Dritte weiterverkauft werden. Dieses kann bspw. durch Individualisierung geschehen, indem nach den Wünschen des Kunden ein Produkt (oder Informationsangebot) offeriert wird, das nur diesem Kunden einen Vorteil gibt und seinen Wertvorstellungen entspricht.

- Das Kriterium **Benutzerfreiheit** besagt, daß es Unterschiede in der Einflußnahme des Konsumenten auf die Benutzung des digitalen Produktes gibt. Einerseits kann man ein fixiertes Dokument benutzen oder andererseits ein ausführbares Programm erhalten. Letzteres hat für den Anbieter den Vorteil, daß er einen größeren Einfluß auf den Ablauf und die Nutzung beim Kunden hat, indem das Produkt in einem Umfeld genutzt wird, das vorher von dem Programmierer geschaffen wurde. Heutzutage sind diese Anwendungen Produkte, die mehrmals genutzt werden (z. B. Musik- oder Sprachaufnahmen). Doch existert der Trend, daß auch einmalig zu nutzende Güter in ausführbaren Programmen ausgeliefert werden. Als Beispiel sind hier die in Java geschriebenen Applets, die von dem Server des Unternehmens heruntergeladen werden und auf dem Rechner des Kunden (Client) die Funktion erfüllen, die vom Autor vorgesehen ist und somit den Benutzer in seiner Freiheit einschränkt. In eine entsprechende Richtung geht die Diskussion um die „Network Computer", die anstelle von vollständigen PCs die Möglichkeit bieten, Programme auf dem Rechner des Kunden auszuführen, wenn sie gerade benötigt werden.

- Wie bereits im letzten Kapitel dargestellt, können digitale Produkte **externe Effekte** verursachen. Diese können positiv (Wert steigt je mehr Wirtschaftssubjekte bereits schon Nutzer sind) oder negativ (je mehr Produkte abgesetzt wurden, desto schlechter für den Einzelnen). Diese Effekte haben ähnlich wie die eigene Wettbewerbsposition Einfluß auf die Preiskalkulation und die Marketingstrategie. Als Beispiel sei hier die

Methode genannt, Produkte zu Preisen anzubieten, die weit unterhalb der eigenen Herstellkosten liegen, um damit Marktanteile zu erhalten. Dieser Weg ist oft zu beobachten, wenn man erwartet, daß das Produkt positive Effekte besitzt (Bsp. Browser-Software der Unternehmen Netscape/Microsoft und Anbieter von Shareware).

Abschließend ist hinzuzufügen, daß die Einstufung eines Produktes nicht von ewiger Dauer sein muß. Vielmehr ist denkbar, daß ausgehend von diesen Kriterien auch ein Wechsel im Zutreffen der verschiedenen Merkmale möglich und sinnvoll erscheint. Mittels eines solchen Wechsels kann z. B. die Marketingstrategie bestimmt und neue oder bestehende Zielgruppen besser erreicht werden.

4.4.2.2 Konsistente Digitalisierung

Ausschlaggebend für die Eignung eines Produktes bzw. eines komplexen Geschäftsprozesses für einen COIN ist die Frage, inwieweit die verschiedenen Stufen digitalisierbar sind. Ein Unternehmer muß überprüfen, ob die vor- und nachgelagerten Prozesse ebenfalls auf elektronische Weise abgewickelt werden (können). Dabei sind verschiedene Kategorien möglich:

- Unternehmen, die bereits eine vollständige Abwicklung (inkl. vorgelagerter Information und anschließender digitaler Distribution) über das Internet anbieten.

- Prozesse, die ebenfalls bereits digital abgewickelt werden, jedoch die Auslieferung wegen Nichtdigitalisierbarkeit (bspw. Computerhardware) physisch erfolgt.

- Unternehmen, die über das Internet informieren, doch die Kaufabwicklung traditionell durchführen (Zahlungsabwicklung, Bestellbestätigung per Fax). Dieses ist heutzutage noch die Regel (bspw. öffentliche Verwaltung).

- Unternehmen, die dem Internet bis heute ferngeblieben sind. Beispiele hierfür sind Steuerberater, Wirtschaftsprüfer und Notare [HUFG97, S. 35].

4.4.2.3 Mehrwert

Bekannterweise ist der EC mit dem Problem fehlender Akzeptanz konfrontiert. Dieses liegt u. a. daran, daß mit der Einführung einer neuen Informationstechnik irrtümlicherweise automatisch ein Nutzenzuwachs erwartet wird, der aber zunächst geschaffen werden muß, und auf halbherzige Weise versucht wird, den traditionellen Handel zu elektronisieren. Dabei werden die Möglichkeiten dieses neuen Mediums nicht genutzt, was dazu führt, daß der Kunde nach ersten Versuchen den traditionellen Weg vorzieht [MERT98, S. 5; PICO96,

S. 185]. Das führt die Nachteile mit sich, daß dieser Konsument zunächst verloren ist und kaum mehr dazu zu bewegen sein wird, zurückzukehren, weil er bereits negative Erfahrungen gemacht hat.

Vielmehr muß dem Verbraucher deutlich gemacht werden, daß die Nutzung des Internet Vorteile bringt. Ein Hauptvorteil wäre z. B. das Angebot eines Zusatznutzens (Mehrwert) [KOSI97, S. 99].

Informationelle Mehrwerte lassen sich folgendermaßen systematisieren:

Tabelle 5: Systematisierung informationeller Mehrwerte [KUHL96, S. 90f.]

Produktbezogene informationelle Mehrwerte	Komparativer Mehrwert:	Die elektronische Version besitzt einen größeren Informationswert als die korrespondierende konventionelle.
	Inhärenter Mehrwert:	Größerer Informationswert durch Verbesserung einzelner Komponenten eines elektronischen Produktes, einer Dienstleistung oder auch Verbesserung der Gesamtleistung
	Agglomerativer Mehrwert:	Die Agglomeration ursprünglich getrennter Leistungen und Produkte führt zu einem höheren Informationswert.
	Integrativer Mehrwert:	Größerer Informationswert durch Kombination verschiedener Typen von Informationsprodukten oder -dienstleistungen
Organisationsbezogene informationelle Mehrwerte	Organisatorischer Mehrwert:	Durch Einsatz der IuK-Technik wird die Organisationsstruktur (Aufbau- und Ablauforganisation) verbessert.
	Strategischer Mehrwert:	Der Einsatz moderner IuK-Technik eröffnet bei frühzeitigem Einsatz Wettbewerbsvorteile.
	Innovativer Mehrwert:	Die Ausnutzung der Ressouren des Informationsmarktes macht die Entwicklung neuer Produkte und die effizientere Reorganisation der bisherigen Abläufe möglich.
	Makro-ökonomischer Mehrwert:	Der Einsatz der IuK-Technik bewirkt einen Strukturwandel in Wirtschaft und Beruf und beeinflußt die Erstellung des Bruttosozialprodukts und die Schaffung von Arbeitsplätzen [INTE98].
Wirkungsbezogene individuelle informationelle Mehrwerte	Mehrwert mit Effizienzwirkung:	Bisherige Tätigkeiten können durch den kontrollierten Umgang mit Informationen schneller, kostengünstiger, leichter, umweltschonender etc. durchgeführt werden.
	Mehrwert mit Effektivitäts-wirkung:	Vorgegebene Ziele können durch den sinnvollen Einsatz von Informationen besser erreicht werden.
	Ästhetischer, emotionaler Komfortmehrwert:	Ein nach ergonomischen, kognitiven und ästhetischen Kriterien vollzogener Aufbau von Informationssystemen erhöht die Akzeptanz, das allgemeine Wohlbefinden und die Arbeitszufriedenheit beim Umgang mit technischen Systemen.
	Mehrwert durch Flexibilität:	Eine Variabilität bei der Erstellung von Informationsprodukten bzw. informationeller Leistungen ist möglich. Damit kann flexibel auf unterschiedliches Informationsverhalten, auf Informationsstile und situative Anforderungen reagiert werden.

Beispiele für konkrete Mehrwertangebote können sein:

- Durch die Nutzung des Internet kann man sehr einfach digitale Produkte (z. B. detaillierte Produktinformationen) verfügbar machen.
- Preis- und Qualitätsvergleiche: Auf einer Plattform – wie einem COIN – präsentieren Konkurrenzunternehmen ihre Produkte. Dadurch wird für den Kunden ein Alternativenvergleich ermöglicht.
- Dynamische Nutzermodellierung: Durch Befragung bzw. Registrierung des Kunden (auch zentral durch COIN-Betreiber) wird ein Kundenprofil erstellt, das zukünftig maßgeschneiderte Angebote im Wege des Push-Verfahrens zustellen kann (Taylored Information). Entsprechend werden bisherige Bestellungen gespeichert und passende Neuprodukte bspw. per E-Mail angeboten.
- Individualisierte Marketingkommunikation: Im Sinne eines One-to-One-Marketing kann der Kunde direkt an das Unternehmen herantreten und erhält ein individuelles Produkt [HART97, S. 183f.]
- Eine medienbruchfreie Prozeßabwicklung (wie bspw. die Kombination von Produktsuche, direkte Auslösung einer Bestellung und Zahlungsabwicklung) steigert den Komfort für den Konsumenten. Zur Zeit jedoch werden z. B. die meisten Transaktionen im Internet durch traditionelle Zahlungsvorgänge abgeschlossen [BRAY97].
- Direkte Lagerkontrolle: Für Produkte, die sich nicht auf Lager befinden, wird automatisch ein Ersatzvorschlag gegeben.
- Eine Statuskontrolle des eigenen Auftrages (Bestell- und Sendungsverfolgung) läßt sich durchführen [KOSI97, S. 99].
- Durch Unterhaltung (Chat-Räume) oder Zusatznachrichten (wie Branchen- oder regionale News) läßt sich das elektronische Umfeld „menschlicher" gestalten und auf diese Weise dem Konsumenten Wohlbefinden und Vertrauen vermitteln [CNEC97, S. 25].
- Finanzierungsberatung: Bspw. kann man durch den Einsatz wissensbasierter Anwendungen für einen Kunden einen Finanzierungsmix finden, der u. a. aus einer Zusammensetzung von Leasing, Kredit oder Subvention bestehen kann.
- Im Business-to-Business-Bereich bieten sich Verfahrensvergleiche und Wirtschaftlichkeitsvergleiche an [MERT96b, S. 519].

Diese Mehrwertmöglichkeiten können einerseits das Internet-Angebot eines Unternehmens aufwerten, aber andererseits ist es sinnvoll, wenn sich Unternehmen auf ihre Kernkompetenz konzentrieren und in gegenseitiger Absprache auf einer gemeinsamen Plattform ein entsprechendes Komplettangebot offerieren.

4.4.2.4 Komplexität

Heutzutage wird das Internet in der Regel als Informationsmedium und zur Bestellung von Produkten im unteren bzw. mittleren Preissegment genutzt. Gemeinsames Merkmal ist jedoch, daß diese Produkte im Rahmen eines einfachen Prozesses geordert werden. Es zeichnet sich jedoch ab, daß komplexe Prozesse wie der Erwerb eines PKWs möglich erscheinen. Hier bietet sich die Möglichkeit, daß nicht nur das Angebot sondern der gesamte Prozeß elektronisch abläuft und nicht (wie heutzutage) nach der Informationsphase ein Medienbruch stattfindet [BRAY97]. Eine durchgängige elektronische Abwicklung ist lediglich bei nicht-digitaliserbaren Gütern unmöglich, jedoch ist auch hier der gesamte vorgelagerte Prozeß zu elektronisieren. Dieses führt zu einer bedeutenden Kosteneinsparung in der Auftragsanbahnung. Erste Ansätze dieser Entwicklung des Internet-Handels komplexer Produkte sind in den Bereichen Internet-Router (Cisco), PC (Dell) und Kfz zu erkennen, jedoch wird die Entwicklung behindert durch das fehlende Vertrauen der Kunden in das Internet [MCMU98; HOFF98]. Kennzeichnend für komplexe Produkte ist, daß der Erwerb des Gutes verlangt, daß der Nachfrager nicht nur einen Anbieter kontaktieren muß, sondern erst die Vielzahl der Angebote der Unternehmen die Nutzung des Produktes ermöglicht. So muß ein PKW erworben werden, anschließend versichert und schließlich bei der Zulassungsstelle angemeldet werden. Ein COIN bietet dem Konsumenten die Möglichkeit, die mit einen derartigen Produkt verbundenen komplexen Geschäftsprozesse über eine gemeinsame Plattform abwickeln zu lassen und so einen Automatismus anzustossen. Ebenso erscheint eine elektronische Bearbeitung nach erfolgter Abwicklung möglich: Ist bspw. eine Immobilie erworben, kann auch die spätere Anlagenverwaltung über einen entsprechenden Spezial-COIN oder eine Unterrubrik eines Immobilien-COIN erfolgen [HUFG97, S. 35].

4.4.2.5 Wertigkeit

Im Internet werden sowohl niedrig- als auch hochpreisige Güter angeboten, doch bisher sind akzeptable Umsätze lediglich im unteren Preissegment (Bücher, Tonträger, PC Software) zu verzeichen, da hier das Risiko für Käufer und Verkäufer gering ist [BERN98]. Produkte wie bspw. Bekleidung oder TV-Geräte (mittlerer Preisbereich) werden über traditionelle Versandanbieter angeboten, jedoch mangelt es hier an der Übereinstimmung von Zielgruppe und Internet-Publikum. Teure Produkte (sowohl digital als auch physisch) hingegen finden bisher bei den Konsumenten kaum Interesse bzw. die Abwicklung erfolgt stets traditionell, da hier das fehlende Vertrauen in die Zahlungssysteme sowie in die Identität des Geschäftspartners bemängelt wird. Jedoch sind auf diesem Gebiet ansprechende Entwicklungen zu verzeichnen, die zukünftig dieses Problem in den Hintergrund verdrängen werden. Erste Ansätze für den Bedarf des Kaufes hochwertiger Produkte über das Internet sind bereits im Business-to-Business-Bereich zu erkennen und man geht davon aus, daß – wenn sich die Technik hier bewährt hat – dieses Auswirkungen auf den Endverbraucherbereich haben wird. Voraussetzung für den Absatz teurer Produkte ist eine gute Beschreibung des Produktes und die Möglichkeit eines Alternativenvergleichs [REGI98; SCHI97, S. 22-24; FROO97, S. 175].

Ein COIN könnte hier das Potential bieten, diesen Mangel zu beseitigen und so zu einer vollständigen Abwicklung komplexer Geschäftsprozesse hochpreisiger Güter beitragen.

4.4.2.6 Informationsbedarf

Produkte zeichnen sich u. a. dadurch aus, daß sich der Nachfrager vor der Kaufentscheidung über die Eigenschaften und Preise informiert. Es wird zwischen informationsarmen (bspw. Produkte des täglichen Bedarfs) und informationsreichen Gütern unterschieden. Über letztere Produkte will sich der Kunde im Vorfeld eines Kaufes genauer informieren, weil die Kaufentscheidung größere finanzielle Auswirkungen für ihn besitzt. Hier bietet sich die interaktive Möglichkeit des Internet für eine entsprechende Informationsunterstützung an. Eine andere Alternative ist das Hinzuziehen anderer Dienstleister, die ein Zusatzangebot (Information) zu den Produkten des Herstellers anbieten. Hierzu würde sich ein COIN als eine Ansammlung verschiedener Unternehmen eignen.

Die Bedeutung soll anhand zweier Ausführungen verdeutlicht werden:

1. Im traditionellen Einzelhandel hat sich der Nachfrager bereits mit fehlender Information abgefunden, obwohl diese wünschenswert wäre. So zeichnen sich große Supermärkte dadurch aus, daß sie Produkte zu günstigen Preisen anbieten, weil sie große Stückzahlen absetzen. Neben diesem Degressionseffekt setzen sie wenig Personal ein und der Kunde wird bei seinen Kaufentscheidungen kaum noch beraten. Es treten Fälle auf, in denen der potentielle Kunde bereits im Vorfeld über mehr Informationen verfügt als das Personal. Das Internet bietet hier die Möglichkeit, diesen Informationsmangel auszugleichen, da hier Informationen durch den Kunden zu geringen Kosten abgerufen werden können und sich auf diese Weise ein qualitativ hochwertiges Produkt am Markt durchsetzen kann. So treten auch gesamtwirtschaftliche Vorteile im Sinne einer Transparenz des Marktes ohne Verschleierung durch einzelne Unternehmen hervor [SCHW97a, S. 92-94].

2. Ein weiterer Anwendungsbereich sind Produkte, die für den Konsumenten durch Zusatzinformation einen überproportionalen Nutzenzuwachs bieten. In ähnlicher Form ist dieser Effekt bereits aus der volkswirtschaftlichen Betrachtung der Nachfrage der

Haushalte bekannt: Ein Produkt bezeichnet man als ein Giffen-Gut, wenn es bei stei-

gendem Preis stärker nachgefragt wird [BÖVE91, S. 109]. Eine entsprechende Anwen-

dung wäre hier die verstärkte Nachfrage durch Nutzenzuwachs zusätzlicher Informatio-

nen, die die Transaktionkosten des Produktes erhöht, doch der Nutzenzuwachs für den

Konsumenten ist größer als die Einbuße durch die höheren Kosten. Die Abbildung 15

soll dieses verdeutlichen:

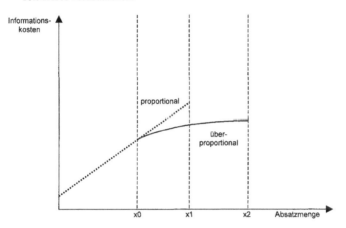

**Abbildung 15: Proportionale und überproportionale Zunahme der Absatzmenge abhängig von den In-
formationskosten**

Ein Produkt mit überproportionalen Nutzenzuwachs führt dazu, daß durch weitere Infor-

mationen (ab x0) die Umsatzmenge stärker zunimmt, als dieses bei einem „normalen" Gut

der Fall wäre. Neben dem erhöhten Absatz tritt als weiterer Effekt hinzu, daß eine absolut

größere Stückzahl verkauft wird, denn das bisherige Absatzlimit (x1) ist durch fehlende In-

formationen der Konsumenten begründet. Durch den Einsatz eines elektronischen Me-

diums ist es möglich, den Informationsmangel auszugleichen und der Absatz steigt bis an

die Kapazitätsgrenze (x2) des Unternehmens. Ein Anwendungsbeispiel sind Güter, die bis-

her nicht im Internet angeboten werden, weil das Unternehmen der Meinung ist, daß der

Absatz nur durch sehr gute persönliche Informationen realisierbar sei und dieses auf elek-

tronischen Wege nicht möglich sei. Durch den Einsatz einer elektronischen Plattform

könnte hier Abhilfe geschaffen werden, weil die Konsumenten bspw. themenorientiert das

Produktangebot finden. Dieses hätte die Wirkung, daß ein Unternehmen, das bisher dem

Internet ferngeblieben ist, elektronisch erreicht werden kann und der Kundenkreis somit

erweitert wird [HAGE97, S. 194].

4.4.2.7 Individualisierbarkeit

Konsumenten haben unterschiedliche Ansprüche an die Produkte eines Unternehmens. Für die Beurteilung eines Produktes bzgl. der Eignung für einen COIN (oder ähnlichen Systems) ist u. a. entscheidend, ob das Produkt entsprechend den Kundenpräferenzen konfigurierbar ist. Neben allgemeinen Informationen ist es möglich, daß auch individuelle (spezielle) Anfragen in die Produktgestaltung eingehen. So besteht für den Kunden die Möglichkeit, eine Variante (bspw. die Wahlfreiheit bei den Handy-Gebührentarifen) auszuwählen oder in Interaktion mit dem Unternehmen ein kundenindividuelles Produkt zu schaffen (Individual Marketing). Diese intensive Absprache zwischen Kunde und Unternehmen prädestiniert elektronische Medien für die Vereinbarungs- und Abwicklungsphase [SCHI97, S. 28-30; STAH97, S. 384].

4.4.2.8 Informationsfindung

Die meisten Produkte werden nach vorhergehender Informationsphase erworben, jedoch ist dieses auf verschiedene Weise möglich. Ein Konsument kann sich über traditionelle Medien (Presse, Fernsehen), persönliche Kontakte (Freunde, Nachbarn), gezielte Nachfrage bei Unternehmen (Telefon, Fax) oder mittels elektronischer Medien (Internet, Online-Dienste) informieren. Die Art der Informationsfindung ist abhängig von verschiedenen Faktoren:

- Moderne Technik: Jüngere bzw. technikaufgeschlossenere Menschen sind eher bereit, sich mittels des Internet zu informieren. An dieser Stelle ist fraglich, ob der PC die einzige Möglichkeit für die Nutzung des Internet bleiben wird. Gerade die Nutzung des Internet über gewöhnliche Fernseher kann hier eine Alternative darstellen, die dazu führt, daß Personen, die keinen PC besitzen oder sich damit nicht anfreunden können, einen Angebotszugang erhalten. Für das Unternehmen stellt sich die Frage, ob die Zielgruppe des Produktes auch über einen Internet-Zugang verfügt, um sich über das Produkt zu informieren. So nutzt in Deutschland nur jeder zwanzigste Bundesbürger das Internet, jedoch rechnet der Bundesverband für Informationstechnik mit einem Wachstum der Internet-Nutzer von 29 % in Westeuropa bis zum Jahre 2001 [INFO98]. Doch auch eine hohe Benutzerzahl ist nicht mit hohen Umsätzen gleichzusetzen. So stellt sich das Problem, daß weitgehend ein fundiertes Know-how fehlt, wie das Internet als Kommunikations- und Distributionskanal eingesetzt werden kann [BELZ97, S. 11].

- Produkteigenschaft: Produkte eignen sich für einen COIN, wenn es möglich ist, den Konsumenten über elektronische Medien zu informieren (z. B. sollte der physische Kontakt nicht kaufentscheidend sein).

- Informationsflut: Produkte, die zwar auf elektronischem Wege präsentiert werden, doch durch die Vielzahl konkurrierender Unternehmen (und deren Produkte) sowie der Unüberschaubarkeit des Internet dem Kunden nicht mehr in der Weise und Schnelligkeit auffallen oder sogar vollständig seiner Aufmerksamkeit entzogen sind, bleiben bei der Kaufentscheidung unberücksichtigt. Für eine Informationssuche im Internet dienen in der Regel Suchmaschinen wie Altavista oder Hotbot. Doch eine kürzliche Untersuchung des Unternehmens NEC besagt, daß die Vielzahl der Internetseiten nicht mehr vollständig erfaßt werden können. Der höchste Wert lag hier bei lediglich 34 % (Hotbot) [NECC98, S. 23].

4.5 Organisation eines COIN-Systems

Bisher wurde angesprochen welche Potentiale ein System für die Unterstützung komplexer Geschäftsprozesse besitzt und für welche Produkte und Dienstleistungen es geeignet erscheint. An dieser Stelle soll nun behandelt werden, wie (u. a. von wem) das System betrieben wird, warum es sinnvoll ist, als Unternehmen einzusteigen und wie die Finanzierung gesichert werden sollte.

4.5.1 Teilnahme

Für den Betrieb eines COIN-Systems ergibt sich die Problematik, daß es einer kritischen Masse von Anbietern bedarf, damit für den Konsumenten – aber auch für die einzelnen Unternehmen – die Nutzung des Systems ökonomisch sinnvoll erscheint. Dieser Prozeß zeichnet sich durch die folgende Dynamik aus: Zunächst bedarf es der Inbetriebnahme des Systems. Danach muß eine gewisse Anzahl von Unternehmen gewonnen werden. Dies bewirkt, daß das System bspw. für einen Alternativenvergleich für Konsumenten interessant ist und angemessen frequentiert wird. Das hat wiederum Auswirkungen auf weitere Unternehmen, die das System attraktiver machen. Ein weiterer Aspekt ist, daß die zunehmende Konsumentenzahl dazu führt, daß das COIN-System für die Werbewirtschaft interessanter wird und Auswirkungen auf die Finanzierung hat [HAGE97, S. 58].

Es ist festzuhalten, daß der Ausgangspunkt die Problemstellung ist, einzelne Unternehmen in der Startphase in einen COIN zu integrieren. Grundsätzlich bietet das System vor allem durch die Agglomeration der Unternehmen eine flexiblere Möglichkeit der Zusammenarbeit und des Informationsaustausches mit den Kunden und den vertikal vor- bzw. nachgelagerten Geschäftspartnern [POST97, S. 154]. Aus Sicht des Unternehmens ist weiterhin jeder Vorteil des Kunden ein eigener Vorteil, weil sich daraus eigene Umsatzmöglichkeiten entwickeln. So wären an dieser Stelle Aspekte wie erhöhte Umsatzwahrscheinlichkeit wegen großem Komfort des technischen Systems, höhere durchschnittliche Verweildauer auf einem Community-Angebot, bessere Durchsetzungskraft am Markt (wenn das eigene Produkt hohe Qualität oder niedrigen Preis aufweisen kann), höheres Vertrauen und Imagegewinn (innovatives Unternehmen) zu nennen. Schließlich läßt sich das Zielpublikum leichter erreichen, denn eine Community ist in der Regel themenorientiert angelegt, d. h. die Besucher eines COIN suchen genau nach den Artikeln, die entsprechend der Thematik dort angeboten werden. Dieser Punkt unterscheidet einen COIN von einer Mall, denn dort liegt eine „wilde" Ansammlung von verschiedene Anbietern vor, die aber nicht eine vertikale Marktkette abbilden [HOF97].

Schließlich können Unternehmen auch Umsatzeinbußen erleiden, wenn sie – unter der Annahme, daß sich das Modell am Markt durchsetzt – an einem COIN-System nicht teilnehmen, denn dann werden außerhalb dieser Plattformen keine Kunden mehr zu erreichen sein.

4.5.2 Betrieb des Systems

Die Inbetriebnahme (inkl. Planung, Technik, Organisation und Verwaltung) ist mit hohen Kosten verbunden. Es stellt sich nun für ein Unternehmen die Frage, ob man als Betreiber eines Systems zur Unterstützung komplexer Prozesse auftreten soll. Die Frage des Betreibers ist für den späteren Erfolg des Systems von großer Bedeutung, da er einerseits als Teilnehmer und andererseits als Netzwerkbetreiber die Entwicklung und Effektivität beeinflussen wird [NOUW97]. Als Betreiber kommen grundsätzlich Unternehmen, Konsumenten und neutrale Organisationen in Frage. Problematisch ist jeweils, daß jeder Betreiberkandidat verschiedene Motive hat, welche folgend behandelt werden [MALO87, S. 490-492]:

Als Unternehmen kommen zunächst die *Hersteller* in Betracht. Sie haben meist die notwendigen finanziellen Möglichkeiten, jedoch werden sie versuchen, daß die Konsumenten vermehrt die eigenen Produkte erwerben. Insofern ist davon auszugehen, daß sie konkurrierende Unternehmen der gleichen Stufe in der Wertschöpfungskette nicht dulden bzw. eine ökonomisch sinnvolle Integration erschweren. Weiterhin ist es zweifelhaft, ob der Kunde einem Hersteller abnimmt, daß er ein markttransparentes Angebot bietet, das den Konkurrenten die gleichen Chancen einräumt. Das Ergebnis wäre ein System, das eher einer elektronischen Hierarchie entspricht.

Der *Zwischenhandel* könnte ebenfalls als Initiator auftreten, doch auch hier existieren Interessenkonflikte. Man wird versuchen, einzelne Produzenten zu bevorteilen und es entsteht somit keine präferenzfreie Marktsituation. Abzugrenzen sind hiervon jedoch große Handelshäuser, die über einen großen Zuliefererstamm verfügen.

Finanzdienstleister sind bereits an einer Vielzahl von Markttransaktionen beteiligt. Insofern haben sie anderen Unternehmen ein gewisses Maß an Know-how voraus und könnten so als ein Betreiber eines Marktsystems in Frage kommen, das alle Phasen umfaßt. Banken sind bereits heute mit guten Angeboten im Internet vertreten, besitzen somit ausreichende Erfahrungen und können bei den Konsumenten, aber auch bei den Handelspartnern, über einen hohen Vertrauensvorschuß verfügen. Schließlich sind sie nicht am Handel der Produkte eines bestimmten Produzenten interessiert, sondern wollen das gesamte Transaktionsvolumen erhöhen, weil dadurch das eigene Geschäftsvolumen steigt [FLIS97].

Unternehmen der *Informationstechnik* beschäftigen sich als Betreiber in erster Linie mit der Belieferung der Technik und können auf diese Weise ebenfalls sehr neutral eine solche Plattform betreiben.

Ein Betrieb von Seiten der *Konsumenten* ist lediglich sinnvoll, wenn das System auf den Business-Bereich begrenzt wird (Konsumentenfunktion wird durch verschiedene Unternehmen wahrgenommen) oder eine Vereinigung der Endverbraucher in Frage kommt. Diese ist jedoch bereits als neutrale Organisation einzustufen.

Neutrale Unternehmen und Organisationen zeichnen sich dadurch aus, daß sie kein Interesse an den Umsätzen eines bestimmten Teilnehmers bzw. Gruppe von Unternehmen besitzt. Sie haben lediglich die Motivation, durch die Nutzung des Systems durch die Konsumenten Geld zu vereinnahmen und den Verbrauchern ein Hilfsmittel für die Erfüllung ihrer Bedürfnisse an die Hand zu geben. Mögliche Betreiber wären Verlage, Kammern, branchenfremde Unternehmen und die verschiedenen Organisationen der privaten und öffentlichen Hand [KUHL97; STEI97].

Die *öffentliche Verwaltung* kann neben ihrer Rolle als Konsument von Gütern und Anbieter von Dienstleistungen als Marktbetreiber auftreten. Im letzten Fall kann im Rahmen der besonderen Verantwortung gegenüber dem Bürger zusätzlich die Akzeptanz von EC-Anwendungen gefördert werden, weil dem Staat ein gewisses Vertrauen entgegengebracht wird (zumindest mehr als gewinnorientierten Unternehmen). Somit ist die öffentliche Verwaltung auch ein geeigneter Systembetreiber [MURC95b, S. 26f.].

Abschließend läßt sich als Anforderung festhalten, daß der Betreiber ein hohes Ansehen und einen gewissen Einfluß in der Branche haben sollte, damit das System von Unternehmer- und Konsumentenseite angenommen wird. Als ideale Merkmale sollte der Betreiber trotz Brancheneinfluß ein unabhängiges Drittunternehmen sein, durch die eigene Marktstellung Einfluß auf den Erfolg des Systems haben, bei der Organisation eine größere Anzahl von Unternehmen und Konsumenten für das System gewinnen können oder als Informationsanbieter (wie z. B. Fachverlage) schon vorher bereits von Konsumenten als kompetenter Ansprechpartner kontaktiert werden [TRAD97].

4.5.3 Finanzierung des Systems

Der Betrieb des Systems ist mit Kosten verbunden und somit auf eine Finanzierung angewiesen. Es liegt im Interesse jedes Anbieters und Konsumenten, daß das System solide finanziert wird, weil dadurch das System qualitativ hoch anzusiedeln ist, was Auswirkungen auf die Attraktivität und den Nutzwert besitzt. Der Betreiber hat ein Interesse daran, daß die Plattform durch den Betrieb einen Gewinn erwirtschaft (es wird Neutralität des Unternehmens unterstellt). Die Finanzierungsgelder der Teilnehmer gehen direkt bei ihm ein und er reinvestiert oder behält sie ein. Die Finanzierung kann zunächst grundsätzlich über die Unternehmen oder die Nachfrager erfolgen. Die Bezahlung kann pauschal oder pro Transaktion erfolgen [HAGE97, S. 45]. Jedoch muß eine Abgrenzung zu den bisherigen Communities gezogen werden, da diese in Regel mit großem Freizeitwert und weniger mit kommerzbezogenen Nutzenapekten versehen werden. Insofern ist eine Belastung des Nachfragers fraglich, zumal dieses dazu führen würde, daß das System nicht als offen bezeichnet werden kann und Benutzer nur unter gewissen Bedingungen Zugang erhalten [SEEG98; STEI97]. Somit ergeben sich folgende Einnahmearten:

Tabelle 6: Finanzierungsalternativen eines COIN [HAGE97, S. 45-47; TRAD97]:

Transaktions-gebühr:	Jedes Unternehmen, das als Anbieter in dem System präsent ist, zahlt pro durchge-führte Transaktion eine festgelegte Gebühr. Hier unterscheidet sich die Finanzierung von VAN-EDI, weil dort Gelder pro Zeichen einer übertragenen Nachricht bezahlt werden müssen [CALL97, S. 90].
Pauschal-gebühr:	Das Unternehmen bezahlt eine feste Gebühr für die Präsenz, die unabhängig von den Umsätzen oder der Frequentierung des Angebotes ist [DILL97].
Sonder-gebühr:	Konsumenten bezahlen individuell für besondere Zusatzdienste (bspw. Chat-Foren) des Betreibers. Dieser Punkt ist allerdings kritisch zu beurteilen, weil dadurch evtl. potentielle Kunden abgeschreckt werden und das System die Nachfrager verliert.
Zugangs-gebühr:	Die Konsumenten müssen, um die Angebote zu studieren und das System zu nutzen, eine Gebühr entrichten.
Werbe-flächen-gebühr:	Für die Einblendung von Hinweisen auf die Angebote anderer Unternehmen verlangt der Betreiber Gebühren. Diese Einnahmeart ist sehr sinnvoll für einen COIN, weil die Online-Werbung mit dem Problem konfrontiert ist, daß (laut einer Studie der International Data Corp.) Werbeeinnahmen rückläufig sind, da die Wirkung dieser Einblendungen durch das Internet-Wachstum nicht groß genug ist. Werbende Unternehmen sind deshalb gezwungen, sehr gezielt ihre Banner einzusetzen. Ein COIN zeichnet sich nun dadurch aus, daß die Kundschaft gezielt in einem bestimmten Bereich sucht. Diese Themenorientierung und die Tatsache, daß die Verweildauer eines Konsumenten in einer Community ca. dreimal so hoch ist wie bei „normalen" Internet-Angeboten eines einzelnen Unternehmens, bewirkt eine verstärkte Effektivität des Werbeeinsatzes [HOF97; WEBE98, S. 26].

Eine solide Finanzierung ist gegeben, wenn in Abhängigkeit von der Attraktivität der Angebote eine Mischung der Geldeinnahmequellen die Ausgaben deckt. Die Fixierung auf nur eine Einnahmeart hat bspw. bei den Online-Verlagen des Wall Street Journal und der New York Times nicht den erhofften Erfolg gebracht. Jedoch ist eine langfristige Sichtweise angebracht, weil der Aufbau einer Community viel Zeit in Anspruch nimmt, da durch die Anzahl der Anbieter und den möglichen Alternativenvergleichen erst im Laufe der Zeit das Interesse der Konsumenten steigt und dann eine entsprechende Transaktionszahl zu erwarten ist [WEBE98, S. 26].

5 Systemarchitektur

Ausgehend von den bisherigen Überlegungen soll in dem folgenden Kapitel dargestellt werden, auf welche Weise ein System zur Prozeßunterstützung sowohl technisch als auch organisatorisch umgesetzt werden kann. Dabei wird eine weitergehende Unterscheidung zwischen Systemen zur Prozeßabwicklung und -information vorgenommen.

5.1 Technische Architektur

An dieser Stelle wird untersucht, inwieweit ein System zur Unterstützung komplexer Abläufe technisch zu realisieren ist und ob es unter den gelten Voraussetzungen umzusetzen wäre.

5.1.1 Ausgangslage

Ein System, das Transaktionsprozesse über das Internet unterstützt, geht grundsätzlich auf Beziehungen zwischen Nachfrager und Anbieter bzw. Anbieter und Anbieter zurück (siehe nachfolgende Abbildung):

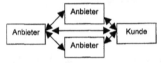

Abbildung 16: Ausgangslage Anbieter-Nachfrager

In einem System (wie einem COIN) sollen diese bilateralen Verbindungen (besonders aus Sicht des Konsumenten) verhindert werden, weil diese Verfahrensweise zwischen professionellen Anbietern und nicht-professionellen Nachfragern mit Nachteilen behaftet ist und sich nur für spezielle Einsätze im hochspezialisierten Bereich eignet [ZIMM95, S. 41]. Stattdessen wird ein Marktsystem eingesetzt, das transport- und anwendungsorientiert arbeitet (siehe nachfolgende Abbildung):

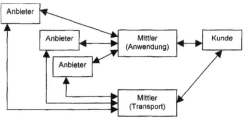

Abbildung 17: Prinzip der transport- und anwenderorientierten Marktdienste [in Anlehnung an: ZIMM95, S. 43]

Transportorientiert bedeutet, daß der Mittler eine durchgängige Kommunikation mittels entsprechender Einrichtungen ermöglicht. Anwendungsorientierte Marktdienste nutzen die transportorientierten und stellen Anwendungen zur Verfügung. Diese können bspw. von einfachen Benutzerschnittstellen bis zu Brokerdiensten reichen [ZIMM95, S. 42f.]. Ein COIN-System würde einen solchen Marktdienst darstellen. Man erkennt die Notwendigkeit des Systems, mit den Nachfrager- und Anbieterapplikationen zu kommunizieren bzw. Daten auszutauschen.

5.1.2 Schichtenmodell

In einem zusammengefaßten Schichtenmodell gemäß dem ISO-Referenzmodell (International Standardization Organization) soll die Gesamtfunktionalität des Systems hierarchisch dargestellt werden:

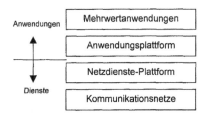

Abbildung 18: Schichtenmodell [ZIMM95, S. 54]

Die Kommunikationsnetze (entsprechen den ISO-Schichten 1-6) stellen die Funktionalität für den Datenaustausch zwischen entfernten Instanzen eines Gesamtsystems zur Verfügung. Die darauf aufbauenden Netzdienste (ab hier beginnt die siebte Schicht des ISO-Modells) bilden die eigentliche Infrastruktur zwischen den Marktpartnern. Den Schwerpunkt der Betrachtung bilden die Anwendungen. Diese sind erst aus der Sicht des Anwenders zu erkennen. Die Anwendungsplattform stellt die *Basis-Anwendungen* bereit. Über sie werden dem Kunden die Produkte und Anwendungen angeboten und nachgefragt. Allerdings bezieht sich die Funktion nur auf sehr spezifische Vorgänge, die entsprechend einer bilateralen Absprache nur dann zur Wiederverwendung geeignet sind, falls sie standardisiert und offengelegt sind. Ein anderer Anbieter benutzt bspw. andere Formate und so kann der Kunde nur das Angebot des einen Unternehmens einsehen. Für einen entsprechenden Alternativenvergleich sind Absprachen mit dem Vergleichsanbieter notwendig. *Mehrwertanwendungen* hingegen stellen eine Bündelung der Basisanwendungen dar. Auf diese Weise ist es möglich, daß der Konsument einen Ansprechpartner kontaktiert und über ihn als Mittler (Bündler) seine Bedürfnisse befriedigt. Dieser Mehrwert kann eine gemeinsame Benutzerschnittstelle, eine redaktionelle Betreuung und Aufbereitung von Basis-Anwendungen oder eine Bereitstellung von Marktmechanismen sein. Auf diese Weise und die weitere Bündelung der Mehrwertanwendungen ist es möglich, die komplette Unterstützung der Marktphasen durchzuführen [ZIMM95, S. 73 u. 77]. An dieser Stelle wird wiederholt deutlich, daß zwischen den einzelnen Anwendungen ein Koordinationsbedarf besteht.

5.1.3 Heterogenität

Der technische Rahmen des beabsichtigten Systems zeichnet sich durch ein Zusammenspiel verschiedener Rechner und Systemumgebungen unterschiedlicher Leistungsklassen in einer Vielzahl von Unternehmen aus [KLAR97, S. 53; META98, S. 22-24]. Man muß zunächst unterscheiden zwischen den Rechnern, die sich bei den Konsumenten befinden, jedoch auch zwischen der Hardware in den Unternehmen existieren Unterschiede, die dazu führen, daß eine Interaktion verkompliziert wird. Dieses ist dadurch begründet, daß die EDV-Infrastruktur gewachsen ist und viele Rechner noch aus den ersten Zeiten der Vorgangsautomatisierung stammen. Es geht also um die Integration dieser „Altlasten" [KLEI97b, S. 10]. Schließlich kommt noch erschwerend hinzu, daß die verschiedenen Anwendungen untereinander nicht interoperieren können. So existiert mittlerweile eine Vielzahl von elektronischen Zahlungssystemen, doch wäre der Konsument zur Zeit noch zu einer Parallelnutzung gezwungen, weil die Systeme nicht zusammenarbeiten können [CROC97, S. 20; RAHL97, S. 49].

Es ist nicht notwendig, daß die Struktur homogen ist, denn mittels technischer Einrichtungen und standardisierter Protokolle ist es möglich, ein Zusammenspiel verschiedener Architekturen zu realisieren, doch sind hierzu Absprachen notwendig [KUHN95, S. 236f.].

Die Intensität und Qualität der Absprachen ist abhängig von der konkreten Realisierungsform. Zwei sinnvolle Varianten werden im Folgenden dargestellt:

5.1.4 Realisierungsvarianten

Zunächst ist es möglich, daß die Applikationen *mittlerbasiert* sind.

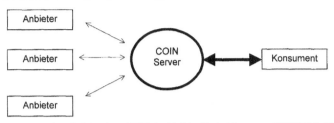

Abbildung 19: Mittlerbasierte COIN-Architektur [in Anlehnung an KUHN95, S. 258-262]

Die Dicke der Pfeile und des Kreises um den COIN-Server drückt aus, daß die mehrheitliche Kommunikation zwischen dem COIN-Server und dem Konsumenten erfolgt. Die wesentlichen Applikationsbestandteile sind auf dem Server installiert bzw. über eine Leitung an den Anbieter angebunden, jedoch ist charakteristisch, daß alle Anwendungen gemäß eines festgelegten COIN-Standards gestaltet sind. Dieses hat den Vorteil, daß der Mittler wesentlich zur Systemverbreitung beitragen kann, die technische Harmonisierung einer einfachen Kommunikation zwischen den Applikationen ermöglicht und die Integration ein gemeinsames Erscheinungsbild beim Kunden realisert.

Doch dieser letzter Punkt stellt andererseits den Nachteil dar, daß sich so Unternehmen schwieriger von einander abheben können. Weiterhin ist zu bemängeln, daß durch die Standardvorgabe des Mittlers bereits bestehende Anwendungen nicht genutzt werden können, sondern umprogrammiert bzw. neu geschaffen werden müssen [KUHN95, S. 261f.]. Diese sind dann speziell für dieses System individualisiert, doch es ist denkbar, daß eine Anwendung (bspw. eine Applikation für elektronische Zahlungsvorgänge) in verschiedenen Systemen mit differierenden Themenschwerpunkten eingesetzt werden soll.

Eine *anbieterbasierte* Variante zeichnet sich dadurch aus, daß der System-Server nur als Steuerung fungieren würde, die einzelnen Anwendungen individuell gestaltet auf den Servern der Anbieter betrieben werden (siehe Abbildung):

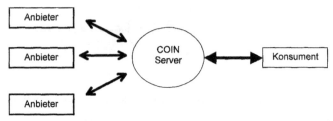

Abbildung 20: Anbieterbasierte COIN-Architektur

Ein Standard, der vom System vorgeschrieben ist (siehe oben), existiert hier nicht. Der Vorteil liegt hier in der unter Marketinggesichtspunkten zu befürwortenden, individuellen Gestaltung der Applikation und die Verwendung bereits vorhandener Web-Anwendungen. Problematisch ist jedoch, daß jede Applikation nur einen kleinen Ausschnitt des komplexen Marktprozesses behandelt und so auf eine funktionierende Kommunikation mit dem System-Server und den anderen Anwendungen angewiesen ist. Dieses kann nur durch eine vorherige Standardisierungsabsprache (dieses würde prinzipiell der mittlerbasierten Architektur entsprechen) oder durch Einfügen einer zusätzlichen Vermittlerschicht, die den Datenaustausch zwischen den Anwendungen regelt, geschehen.

Der Leser mag sich an dieser Stelle die Frage stellen, wieso Web-Malls ohne diese Standards funktionieren. Hier treten die Anbieter souverän mit ihren Angeboten auf und wenn bspw. ein Payment-System im Anschluß genutzt wird, so liegen hier individuelle Absprachen vor. In einem System (wie einem COIN) werden jedoch Daten (in Form von Objekten) ausgetauscht (z. B. die virtuelle Akte für den Workflow oder Abfrageeingaben des Kunden für einen richtigen Alternativenvergleich), die einer weiteren Bearbeitung bedürfen. Eine mögliche Realisierung wird im folgenden Kapitel dargestellt:

5.1.5 Logische Architektur

Neben der bisher betrachteten Architektur der verschiedenen Schichten des Modells ist es wichtig, wie die organisatorische (logische) Struktur zwischen Hauptserver, Unternehmen und Konsumenten gestaltet ist. Eine mögliche Architektur könnte in Anlehnung an die Electronic Mall Bodensee (www.emb.net) wie folgend sein:

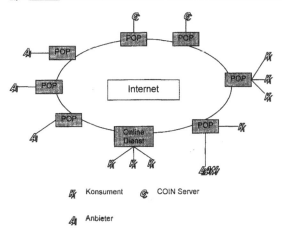

Konsument   @ COIN Server

Anbieter

Abbildung 21: Netz-Architektur [ZIMM97, S. 16]

Im Sinne eines offenen Systems sind die COIN-Server über Internet Service Provider (ISP) an das Internet angeschlossen. Die Konsumenten können diese Server über ISPs bzw. Online-Dienste über das Internet erreichen. Die Unternehmen und die Applikationen werden integriert, indem die Anwendungen vollständig oder teilweise auf dem Hauptserver des COIN gespeichert sind. Denkbar ist auch eine Speicherung auf den Rechnern des Unternehmens oder eines Drittanbieters, zu denen eine permanente Datenleitung existieren sollte [ZIMM97, S. 16].

5.1.6 Interoperabilität

Elektronischer Handel, der sich im Bereich komplexer Prozesse und Produkte ansiedelt, bedarf eines umfangreichen Systems und Rahmenmodells, das die einzelnen bestehenden Einzelsysteme synthetisiert. Auf diese Weise lassen sich EC-Applikationen ökonomisch sinnvoll nutzen und die EC-Teilnehmerklassen zusammenführen [SCHU96].

5.1.6.1 Heutige Situation

Die heutige Situation im Internet sieht jedoch so aus, daß zwar eine Vielzahl kommerzieller Angebote (wie Amazon, CDNow oder Dell) existieren, jedoch zeichnen sich alle dadurch aus, daß sie stets das Angebot *eines* Unternehmens darstellen, die höchstens individuelle Absprachen mit Geschäftspartnern (z. B. Distributoren wie Federal Express oder United Parcel Service) treffen. Somit werden alle Prozesse eigenständig durchgeführt, obwohl dieses evtl. kostengünstiger durch andere Dienstleister zu bewerkstelligen wäre. Es ist zu beobachten, daß viele parallele Angebote existieren, die konkurrieren, aber auch

aufeinander aufbauen. Das Problem ist jedoch, daß diese Applikationen keine Daten untereinander austauschen können, weil sie stets auf proprietäre Schnittstellen basieren, die
keine Datenkompatibiltät gestatten. So können Drittunternehmen bspw. die Angebote
nicht in Marktplätze übernehmen oder Mehrwertdienstleistungen (wie Produktvergleich
oder Brokerdienste) präsentieren. Dieser Grund für diesen Mangel liegt in der Verwendung
verschiedener Internet Commerce Plattformen, die untereinander nicht kompatibel sind.
Digitale Marktplätze (wie IBM Commerce Point, Netscape ONE oder Oracle NCA) benutzen neben anerkannten Standards auch individuelle Techniken, die plattformindividuell
sind. Dadurch ist eine Kommunikation der Softwarekomponenten plattformübergreifend
nicht realisierbar. Erschwerend kommt noch hinzu, daß aufbauend hierauf kundenspezielle
Anwendungen entwickelt werden, die die Performance steigern, doch eine Interoperabilität
verhindern [COMM97b]. Doch gerade diese ist im Umfeld der Zahlungssysteme und für
einen einfachen Einstieg kleinerer Unternehmen (durch Verwendung bereits existenter
Applikationen von Drittunternehmen) sehr wichtig [STEI97; ESSI98].

5.1.6.2 Komponentenbasiertes Modell

An dieser Stelle soll das von der Vereinigung CommerceNet entwickelte eCo-System
(eCommerce) dargestellt werden. Es umfaßt

- eine Zwischenschicht, die einen Datenaustausch zwischen Applikationen ermöglichen
  soll (siehe Abbildung 22 u. Abbildung 23),

- eine objekt-orientierte Entwicklungsumgebung, die die Wiederverwendung bereits existenter hochwertiger EC-Applikationen garantiert und

- eine industrielle Richtlinie, die helfen soll, offene Standards und neue Produkte entsprechend den Konsumentenwünschen zu entwickeln [TENE97]:

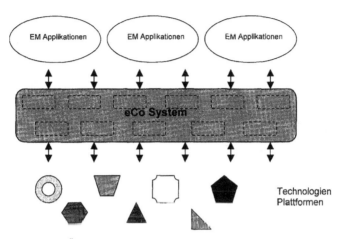

Abbildung 22: Überblick des eCo-Systems [TENE97]

Das eCo-System soll einen Datenaustausch zwischen den verschiedenen Internet-Applika-tionen und -Plattformen ermöglichen. Es werden Schnittstellen definiert, die vorgeben, welche Parameter jeweils übergeben werden müssen. Hierzu bedarf es einer Programmier-sprache (Common Business Language), die diesen Kommunikationsbedarf steuert und an die Interface Definition Language von CORBA (Common Object Request Broker Archi-tecture) angelehnt ist [SAYE97]. Ähnlich wie eCo ist CORBA geschaffen worden, um für verteilte Objekte eine Integrationsplattform zu bilden und eine Skalierbarkeit für zukünf-tige Erweiterungen bzgl. Anwendungen, Hard- und Software zu gewährleisten [STAH97, S. 99]. Durch den Rückgriff auf und die Integration von CORBA kann man neben Erfah-rungen in der Entwicklung auch über weitere Schnittstellen auf industrielle Softwareappli-kationen zurückgreifen, doch Internet-Applikationen sind über CORBA nicht zu integrie-ren [TENE97]. Denkbar wäre auch die Nutzung anderer Objektmodelle wie DCOM (Di-stributed Component Object Model), jedoch trotz eigener Vorteile ist CORBA vorzuzie-hen, weil hier die Plattform- und Herstellerunabhängigkeit konsequent verfolgt wird [GFAL98, S. 63f.; SCHW97b, S. 272f.].

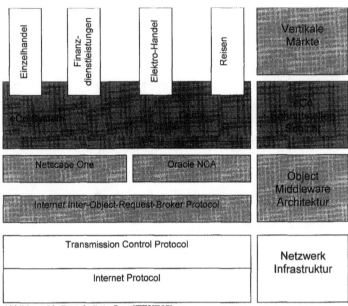

Abbildung 23: Protokoll-Aufbau [TENE97]

5.1.6.3 Isolierte Betrachtung der Informationsphase

Die bisherigen Darstellungen habe sich primär mit einer Betrachtung der gesamten Trans-
aktionsphase (siehe Abbildung 11) beschäftigt. Unter einer realistischen Sichtweise erkennt
man, daß eine Umsetzung eines Systems für die Abwicklung komplexer Abläufe nur mittels einer Architektur wie dem eCo-System möglich ist. Dieses (oder ähnliche) sind jedoch
bisher nur in der Entwicklung und haben ihre Marktreife noch nicht erreicht – zumal es für
entsprechende Anwendungen weiterer Absprachen und Standardisierungen bedarf. Weiterhin ist hier zu nennen, daß es für eine sinnvolle Realisierung eines Wandels der unterneh-
merischen Strukturen bedarf. Organisatorische Reformen und Abstimmung auf die interor-
ganisationelle Zusammenarbeit sind notwendig. Angesichts dieser Problematiken scheidet
(noch) der Bereich der Vereinbarung und Abwicklung an dieser Stelle aus. Im Folgenden
wird die Informationsphase aus theoretischem und praktischem Blickwinkel näher betrachtet.

5.2 Systementwicklung

Hier soll dargestellt werden, wie eine Informationssystem von der Planung bis zur Realisierung entwickelt wird. Auf diese theoretischen Überlegungen wird in dem darauffolgenden Kapitel (6) mittels eines praktischen Beispiels Bezug genommen.

5.2.1 Informationssysteme

Unter Informationssysteme kann man jede institutionalisierten Prozesse der computergestützten Produktion und Distribution von Informationen verstehen [FISC86, S. 14]. Diese sind nicht nur im innerbetrieblichen Bereich wichtig, sondern auch zwischenbetrieblich und im Kontakt zum Endverbraucher. Die Hauptgründe sind im letzten Fall, daß vielfach eine Informationsüberlastung existiert, doch nicht sichergestellt ist, daß der Empfänger die wirklich entscheidungsrelevanten Informationen erhält. Weiterhin kann man den Koordinations-/Informationsbedarf effizienter befriedigen, weil redundante Datenhaltung vermieden und Information gezielter (abhängig von den exakten Wünschen) verteilt wird [FANK96, S. 64]. Das Zusammenwachsen der Märkte prägt einen steigenden Koordinationsbedarf durch zunehmende Verflechtungen der Geschäftsprozesse zwischen Kunden, Lieferanten, Produzenten und Dienstleistern. Dieser Bedarf ist durch die Komplexität nur noch durch leistungsfähige Informationssysteme zu bewerkstelligen [BONS95, S. 5; GRUH97, S. 225].

Die Entwicklung eines Informationssystem ist dadurch gekennzeichnet, daß reale Organisations- und Informationsverarbeitungsvorgänge abgebildet werden müssen. Dieses bedarf einer vorherigen Analyse, eines Entwurfes und späterer Einführung. Die Vergangenheit hat gezeigt, daß vielfach Fehler in diesen Entwicklungsschritten gemacht wurden, die sich finanziell auswirken. Es gilt daher, den Gesamtprozeß konsequent zu planen, zu organisieren und nach einer Einführung entsprechend weiterzuentwickeln (ständige Anpassung und Erweiterung) [THOM90, K 2, S. 1; KNÜP97b, S. 51].

5.2.2 Prozeßorientierung

Im Rahmen eines Informationssystems sollen dem Endverbraucher die Abläufe zwischen dem Unternehmen und ihm dargestellt werden. Um dieses zu erreichen, ist es notwendig, diese Abläufe abzubilden. Hier ist es hilfreich, daß es bereits eine Tendenz von der Funktions- zur Fallorientierung (oder auch Prozeßorientierung) gibt. Man versteht hierunter die Zusammenfassung einzelner Tätigkeiten zu geschlossen Abläufen, die von den Mitarbeitern motivierter (weil abwechslungsreicher) und kostengünstiger übernommen werden können. Problematisch ist jedoch, daß für eine konsequente Systematisierung der Abläufe vielfach komplette Organisationsabläufe umstrukturiert werden müssen, weil sich diese historisch entwickelt haben und wegen dem Konservatismuseffekt schwer durchzusetzen sind. Die Umstrukturierung bewirkt bspw. durch zusätzliche Einführung von Workflow-Systemen eine Produktivitätssteigerung von bis zu 50 % und Kostenentlastungen von bis zu 40 % im Verwaltungsbereich. Dieses geschieht dadurch, daß kritische Stellen im Ablauf aufgedeckt werden und die Koordination zwischen den Stellen besser organisiert wird [THOM97b, S. 9f.; BERN97, S. 88f.]. Dabei stellt sich heraus, daß im Bereich Dienstleistung/Verwaltung im Gegensatz zu der Fertigung ein hoher Bedarf von Geschäftsprozeßerfassung und anschließender Neustrukturierung besteht [SCHE97, S. 116f.].

5.2.3 Phasen der Systementwicklung

Im Folgenden soll dargestellt werden, welche Phasen die Systementwicklung durchläuft. Diese richtet sich nach folgendem Ablauf:

Tabelle 7: Phasen der Systementwicklung [STAH97, S. 247]

Phasenbezeichnung	Phaseninhalt
Vorphase	Projektbegründung
Analyse	Ist-Analyse (Erhebung und Bewertung des Ist-Zustandes)
	Soll-Konzept (Grobentwurf, Wirtschaftlichkeitsvergleiche)
Entwurf	Systementwurf, Programmspezifikation, Programmentwurf
Realisierung	Programmierung, Test
Einführung	Systemfreigabe, -einführung

Die Vorphase beinhaltet einen Vorschlag oder Anstoß zu dem Projekt. Es wird geklärt, ob es sinnvoll ist, das System zu entwickeln und im Anschluß eine Auftragserteilung beschlossen. In der Realisierungsphase erfolgt das eigentliche Programmieren (inkl. der Programm- und Systemtestphase) und bei der Einführung wird das System vollständig implementiert (inkl. der Umstellung, Übernahme der Bestandsdaten und abschließender Personalschulung) [RIEM88, S. 238-241].

Auf die Analyse- und Entwurfsphase wird folgend detaillierter eingegangen.

5.2.3.1 Systemanalyse

Diese Phase hat das Ziel, ein Soll-Konzept für das geplante Anwendungssystem zu entwik-keln. Wichtige *Erhebungstechniken* des Ist-Zustandes sind folgende:

Tabelle 8: Erhebungstechniken [SCHW95, S. 132; THOM90, K 3.2, S. 2-9]

Unterlagenstudium	Entnahme von Informationen aus vorhandenen Quellen wie Organi-gramme, Stellenbeschreibungen, Formularen, Materialfluß- und Ab-laufplänen, Listen, Arbeitsanweisungen, Organisationshandbücher etc.
Fragebogen	systematische Informationerfassung bei betroffenen Mitarbeitern; doch Gefahr der unrichtigen Beantwortung
Interviews	sehr personalintensiv; geführt durch Interviewer
Checklisten	dienen der Beobachtung, Erfragung und Notierung der wesentlichen Aspekte in strukturierter Form; doch Problem, daß ungewöhnliche Ab-läufe nicht aufgedeckt werden
Selbstaufzeichnung	Selbstaufschreibung einzelner Sachbearbeiter
Beobachtung	eher für den Fertigungsbereich als für den Dienstleistungsbereich ge-eignet
unternehmensinterne Konferenzen	alle betroffenen Bereiche integriert; wird straff geführt; bedarf einer Protokollierung

Nach einer sorgfältigen Erhebung des Ist-Zustandes bedarf es einer übersichtlichen *Dar-stellung* der Ergebnisse. Man unterscheidet hier zwischen traditionellen und modernen Techniken. Im der Analysephase sind meist die traditionellen Techniken, die aus der klas-sischen Organisationslehre oder den Programmieranfängen stammen, anzuwenden. Die wichtigsten sind Hierarchie-, Balken-, Rasterdiagramme, Datenflußpläne, Entscheidungs-tabellen und strukturierter Text [STAH97, S. 271-274].

Im Anschluß werden die Ergebnisse genutzt, um den Ist-Zustand zu bewerten (evtl. Schwachstellen aufdecken), ein Soll-Konzept aufzustellen und Wirtschaftlichkeitsverglei-che durchzuführen [STAH97, S. 278-285].

5.2.3.2 Systementwurf

In der Entwurfsphase entwickelt man einen fachlichen (strukturierten) Entwurf (spezielle Darstellung der zu realisierenden Funktionen) und einen Systementwurf (Gliederung des Systems nach Programmen/Modulen und Bestimmung der physischen Datenorganisation). Diese wird in der Form vorgenommen, daß man zunächst nach der top-down Entwicklung das Gesamtsystem in Teilfunktionen zerlegt, um es anschließend nach dem bottom-up Prinzip in Teilsystemen zu seiner Gesamtheit zusammenzufügen.

Die Techniken für den *fachlichen Entwurf* sind die moderne Darstellungstechniken

- HIPO (Hierarchy plus Input Process Output),
- SADT (Structured Analysis and Design Technique),
- SA (Strukturierte Analyse),
- Strukturierter Entwurf (SE) und
- Petri-Netze [STAH97, S. 293f.].

Die SA stellt dabei die verbreitetste Methode dar. Sie benutzt dabei die vier Grunddarstellungen Datenflußdiagramm, Datenverzeichnis, Datenstrukturdiagramm und Prozeßspezifikation. Die ersten vier Methoden haben gemeinsam, daß sie eine Trennung von Daten und Funktionen vornehmen. Petri-Netze hingegen sind für die Darstellung paralleler und nebenläufiger Prozesse geeignet. Diese Methode hat dynamischen Charakter, indem sie gerichtete Graphen, die Zustände bzw. Zustandsübergänge beschreiben, benutzt [JAES96, S. 36f.].

Für den anschließenden *Programmentwurf* werden die Spezifikationen in Programmablaufpläne oder Struktogramme grafisch umgesetzt. Das Nassi-Shneidermann-Diagramm versucht die Komplexität durch die Steuerkonstrukte Reihung, Verzweigung und Wiederholung von Programmoperationen anschaulich darzustellen. Der JSP-Programmentwurf (Jackson Structured Programming) versucht Datenflüsse in einem Datenstrukturdiagramm zu beschreiben [STAH97, S. 301-306].

Das weit verbreitete und vielfach weiterentwickelte ERM (Entity-Relationship-Modell) beschreibt Objekte und ihre Beziehungen zueinander. Dabei stehen die Objekte/Gegenstände (Entity), die durch Attribute beschrieben werden, in einer Beziehung (Relationship) zueinander. Diese Struktur wird grafisch in einem ER-Diagramm dargestellt [FERS94, S. 90-92]. Bspw. sind die Entity-Typen *Lieferant* und *Artikel* durch den Relationshiptyp *liefert* miteinander verknüpft:

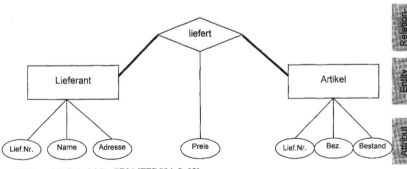

Abbildung 24: Beispiel für ERM [FERS94, S. 92]

6 Beispielhaftes Informationssystem

In diesem Kapitel sollen die bisherigen theoretischen Überlegungen anhand eines prakti-schen Beispiels umgesetzt werden, jedoch soll an dieser Stelle darauf hingewiesen werden, daß hier lediglich eine Veranschaulichung präsentiert wird, das kein vollständig ausgereif-tes System darstellt. Demnach stellt die Auswahl der verschiedenen Unternehmen nur ei-nen kleinen Ausschnitt und nicht einen kompletten Marktüberblick dar.

Im Folgenden soll auf die Zielsetzung des Systems eingegangen und Anweisungen für ei-nen potentiellen Nutzer gegeben werden. Danach erfolgt eine Darstellung der Methode, wie die notwendigen Informationen erhoben und dargestellt wurden und schließlich wird die Art der Systemerstellung erläutert.

6.1 Anwendungsbereich des Systems

Das praktische Beispiel (siehe beigefügte Diskette) stellt ein Informationssystem dar, das Konsumenten, die auf der Suche nach einer Immobilie im Raum Würzburg sind, eine Hilfe sein soll. Das System trägt die Bezeichnung WIE (Wegweiser + Information + Erklärun-gen). Dabei wird versucht dem Bürger/Kunden ein Informationssysten an die Hand zu ge-ben, das ihm mittels Informationen und Erklärungen einen Wegweiser bieten soll.

Der Auslöser für die Erstellung dieser Anwendung ergab sich aus dem Mangel, daß über einen komplexen Prozeß, wie dem Erwerb einer Immobilie, in der Öffentlichkeit nicht ge-nügend transparente Informationen verfügbar sind. Es wird vielfach festgestellt, daß Inter-essenten nicht wissen, welche Stellen (bspw. Stadtverwaltung oder Notar) zu welchen Zeitpunkten zu kontaktieren sind.

Das System soll dem Konsumenten eine Orientierungshilfe bieten, damit er weiß, zu wel-chen Zeitpunkten er die entsprechenden Stellen und Unternehmen aufsuchen muß. Zudem wird er über den gesamten Ablauf informiert und es werden weitere Informationen gege-ben, die vermeidbare Probleme aufdecken.

Entsprechend den vorangegangenen Kapiteln stellt das System die erste Stufe (Informa-tionsphase) für die Unterstützung komplexer Abläufe dar. Ausgehend davon ist es denkbar, daß künftig aufbauende Entwicklungen zur Koordination und Vertragsfindung sowie Ab-wicklung erstellt werden, sobald entsprechende Standardisierungsbemühungen vollzogen sind.

6.2 Systembeschreibung in der praktischen Nutzung

Es wird beschrieben, wie der Anwender das System zu benutzen hat und welche Informationen gegeben werden. Dabei ist es sinnvoll, folgende Reihenfolge einzuhalten:

Tabelle 9: Beschreibung der einzelnen Bildschirmdarstellungen

Eröffnungsbild (WIE.htm) (Anlage Nr. 1)	Dieses stellt die Eröffnungsseite dar und erklärt dem Nutzer, was das System bieten möchte. Nach dem Anklicken der 3 Zeilen „WIE" gelangt man zur nächsten Seite, auf der das System startet.
Hauptbild (Anlage Nr. 2)	Hier wird erklärt, was mit den einzelnen Verweisen (Links) in der linken Navigationsleiste erreicht werden kann bzw. was sich dahinter verbirgt.
Allgemeine Informationen (Anlage Nr. 3)	Im oberen Teil wird dem Benutzer (nach einer kurzen Erläuterung, was die Seite bezwecken soll) eine Link-Auswahl kommerzieller Anbieter (Bsp. Anlage Nr. 4) präsentiert, bei denen man sich über den Immobilienkauf informieren kann. Das anschließende eigene Angebot teilt sich auf in eine Gesamtdarstellung des komplexen Prozesses eines Immobilienkaufs, die über einen Link erreicht werden kann (Anlage Nr. 5), und eine beispielhafte Erläuterung verschiedener relevanter Begriffe aus der Immobilienwelt.
Marktüberblick (Anlage Nr. 6)	Hier werden zunächst Links zu einzelnen Anbietern gegeben, die Objekte elektronisch anbieten oder eine Vermittlungsbörse (Bsp. Anlage Nr. 7) betreiben. Im zweiten Teil der Seite ist eine kleine Auswahl örtlicher Immobilienmakler aufgeführt, die über kein Internetangebot verfügen.
Vorab-Einsicht (Anlage Nr. 8)	Es werden die beiden Anschriften (inkl. Tel. und Fax.) der Stellen dargestellt, die für eine Vorabinformation zu einem bestimmten Objekt kontaktiert werden müssen.
Vertragsabschluß (Anlage Nr. 9)	Hier wird dem Benutzer eine vollständige Übersicht über die örtlichen Notare präsentiert, die für den Vertragsabschluß notwendig sind.
Finanzierung (Anlage Nr. 10)	Die Seite bietet eine kleine Auswahl von Links zu einzelnen Kreditinstituten, die für die Finanzierung herangezogen werden können (Bsp. Anlage Nr. 11).
Versicherung (Anlage Nr. 12)	Schließlich werden dem Benutzer einzelne Links zu Versicherungsunternehmen angeboten (Bsp. Anlage Nr. 13).
⬅	Über dieses Symbol gelangt man von jeder Seite wieder zurück zu dem Hauptbild (Anlage Nr. 2).
zurück...	Über dieses Symbol gelangt man jeweils zum oberen Teil der aktuellen Seite zurück.

6.3 Entwicklungsbeschreibung des Systems

Hier soll beschrieben werden, wie die komplexen Prozesse, die dem System zugrundeliegen, erfaßt worden sind, und welche Software zum Einsatz gekommen ist.

6.3.1 Erhebung der Geschäftsprozesse

Für die Erhebung der Prozesse, die den Handel mit Immobilien charakterisieren, habe ich auf die Erhebungstechniken Fragebogen, Interview und Unterlagenstudium zurückgegriffen.

Zunächst habe ich verschiedene Ansprechpartner bei der Stadtverwaltung Würzburg (Amt für Liegenschaften) und bei dem Amtsgericht Würzburg (Grundbuchamt) befragt. Das Ergebnis blieb jedoch hinter meinen Erwartungen zurück, da ich neben oberflächlichen Informationen stets mit Kommentaren wie „Da können wir zwar ein paar Fragen beantworten, doch Materialien können wir Ihnen nicht bieten." oder „fragen Sie doch einmal bei der Stelle ‚XY' nach." konfrontiert wurde.

Konkrete mündliche Informationen erhielt ich schließlich bei dem Inhaber des Immobilienmaklerbüros Pfister (Sterngasse 3b, 97070 Würzburg). Weiterhin hilfreich waren Gespräche mit den Würzburger Notaren Sell (Eichhornstr. 7, 97070 Würzburg) und Holderbach (Dominikanerplatz 7, 97070 Würzburg) sowie der Verbraucherzentrale Bayern e. V. (Domstr. 10, 97070 Würzburg).

Von dem Bayerischen Notarverein (Ottostr. 10, 80333 München) erhielt ich verwertbare schriftliche Informationen [BAYR98a bis BAYR98f].

6.3.2 Modellierung der Geschäftsprozesse

An dieser Stelle soll der Immobilienkauf/-verkauf im Würzburger Raum dargestellt werden. Ein Geschäftsprozeß, welcher eine Abfolge von Tätigkeiten, Aktivitäten und Verrichtungen „zur Schaffung von Produkten oder Dienstleistungen, die in einem direkten Beziehungszusammenhang miteinander stehen, und die in ihrer Summe den betriebswirtschaftlichen, produktionstechnischen, verwaltungstechnischen und finanziellen Erfolg des Unternehmens bestimmen" [STRI88, S. 57], lassen sich verschieden detailliert darstellen: Die Mikro-Ebene eines Prozeß verlangt, daß die Aufgaben so detailliert, daß die handelnden Personen sie als Arbeitsanweisung umsetzen können. Die Makro-Ebene hingegen gibt einen Überblick über den Gesamtprozeß. Es sollen grundsätzliche Entscheidungen im Prozeß dokumentiert werden. Dieser Entwurf wird in nächster Stufe in die Mikro-Ebene zergliedert [ÖSTE95, S. 45]. An dieser Stelle soll die Makro-Ebene ausreichen, da ein Überblick über die Prozeßfolge (aus Sicht des Immobilien-Interessenten) gegeben werden soll. Die Darstellung soll grafisch anhand des Entity-Relationship-Modells erfolgen (siehe Anlage Nr. 14) [JAES96, S. 11-17].

6.3.3 Benutzte Software und Begündung der Vorgehensweise

Für die Erstellung des Informationssystems habe ich die Software Netscape Communicator Composer Version 4.05 auf dem Betriebssystem Windows95 von Microsoft benutzt. Es handelt sich hierbei um ein Tool zur Erstellung von HTML-Seiten (Hyper-Text Markup Language), das sowohl visuell als auch zeilenorientiert arbeitet. Dieses bedeutet, daß vielfach die Seiten visuell am Bildschirm erstellt werden können, jedoch man jederzeit den Zeilencode manuell gestalten kann. Ich habe auf den Web-Editor Frontpage des Unternehmens Microsoft nicht zurückgegriffen, weil in der Vergangenheit negative Pressemeldungen über die Zuverlässigkeit und Auswirkungen auf die Datensicherheit zu vernehmen waren [BUGN98, S. 25].

Das System ist ausschließlich in der Seitenbeschreibungssprache HTML geschrieben, weil dies für die verlangten Zwecke ausreichend erscheint und einfach anzuwenden ist. Für zukünftige Weiterentwicklungen ist es sinnvoll, auf die Programmiersprache Java umzusteigen, weil die Anwendungsbereiche vielfältiger sind und man so über die Grenzen von HTML hinausgehen kann.

Das System wurde mittels der Browser-Software Netscape Communicator Version 4.05 mit den Bildschirmauflösungen 800x600/1024x768 Pixel und der 256-Farben-Darstellung getestet. Die Funktionsfähigkeit beschränkt sich somit verständlicherweise auf diese Vorgaben.

6.4 Aussicht auf anschließende praktische Arbeiten auf dem Gebiet

Die vorliegende Arbeit (inkl. des erstellten praktischen Beispiels) soll eine Einführung in das Gebiet der Unterstützung komplexer Prozesse mittels des Internet darstellen. Demnach ist es sinnvoll, daß sich aufbauend weitere Diplomarbeiten anschließen, die vermehrt einen Schwerpunkt auf den praktischen Teil legen und die theoretischen Überlegungen dieser Arbeit zur Grundlage nehmen. Diese praktischen Arbeiten könnten bspw. neben dem Immobilienkauf auch Gebiete wie den Kfz-Erwerb oder die Verwaltungstätigkeit großer Behörden behandeln und so auch ein allgemeines Beratungssystem für den Bürger verwirklichen, daß ihn in „allen Lebenslagen" begleitet.

Schließlich ist es zukünftig möglich, über die Informationsphase hinaus die nachfolgenden Bereiche abzudecken und diese Systeme auch praktisch in die Realität umzusetzen, d. h. auch auf entsprechenden Servern neutraler Institutionen (bspw. der Industrie- und Handelskammer) an das Internet anzuschließen.

7 Zusammenfassung und Ausblick

Im Rahmen dieser Arbeit wurde nach einer Darstellung der Potentiale des Electronic Commerce eine Einführung in die Unterstützung komplexer Prozesse durch das Internet gegeben.

Dabei wurde deutlich, daß die sich ändernden Bedingungen, denen die Unternehmen durch die Internationalisierung der Märkte und des verschärften Wettbewerbs ausgesetzt sind, durch die Unterstützung elektronischer Marktsysteme angegangen werden können. Einwirken können hierbei Systeme, die die Zusammenarbeit zwischen den Unternehmen und die Interaktion mit den Konsumenten ermöglichen, wie beispielsweise ein Community-of-Interest-Network.

Für eine Umsetzung des Konzeptes bedarf es der Beachtung verschiedener Aspekte, die Einfluß auf den Betrieb des Systems und die Teilnahme der Unternehmen und Konsumenten haben.

Es wurde dargestellt, welche Merkmale ein Unternehmen und seine Produkte besitzen sollten, damit es für ein entsprechendes System geeignet ist. Weiterhin wurde analysiert, welche Anforderungen der Betreiber erfüllen und welche Grundstrukturen die Systemarchitektur aufweisen sollte.

Im Rahmen der Fokussierung auf das praktische Beispiel dieser Arbeit stellte sich heraus, daß eine Unterstützung komplexer Prozesse im Internet heutzutage sich noch auf die Informationsphase beschränken muß.

Es bleibt abzuwarten, ob in naher Zukunft Standardisierungsbemühungen und Absprachen bezüglich des Datenaustausches der Softwareobjekte im EC-Umfeld (entsprechend dem eCo-Modell) umgesetzt werden. Ist dieses der Fall, so ist wahrscheinlich, daß zukünftig der komplexe Gesamtablauf genannter Prozesse (inklusive Vereinbarungs- und Abwicklungsphase) durch ein entsprechendes System unterstützt werden kann. Unter Nutzung dieser Architektur ist es möglich, ein komplexes System zu entwickeln, das den Bürger in einer Vielzahl von umfangreichen und schwer durchschaubaren Abläufen berät und zum Geschäftsabschluß führt.

Anlagen:
Anlage 1: Eröffnungsbild

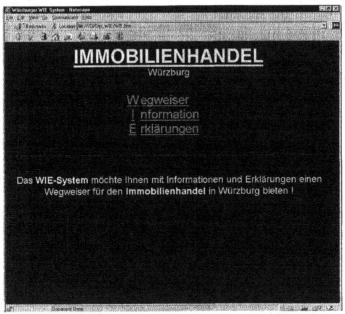

Anlage 2: Hauptbild

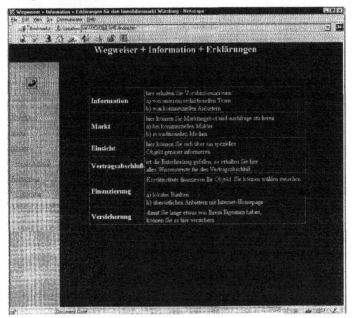

Anlage 3: Allgemeine Informationen

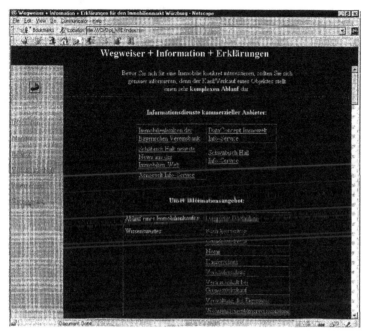

Anlage 4: Bsp. für Informationsanbieter

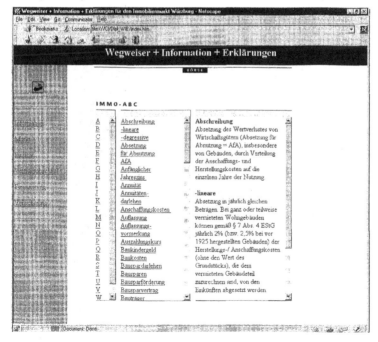

Anlage 5: Gesamtdarstellung

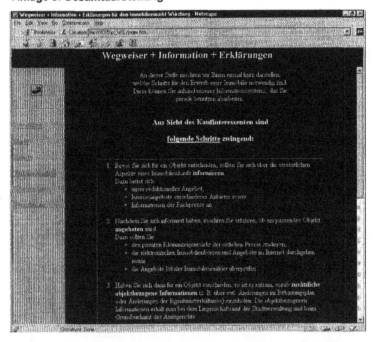

Anlage 6: Marktüberblick

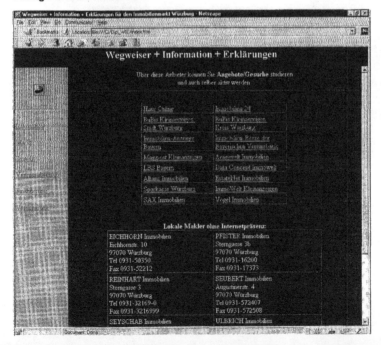

Anlage 7: Bsp. für elektronische Vermittlung

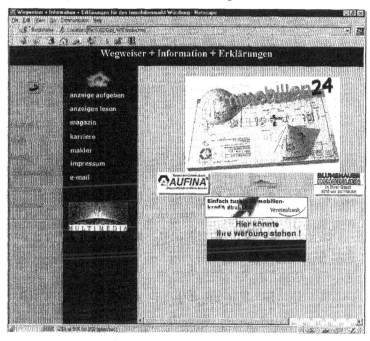

Anlage 8: Vorab-Einsicht

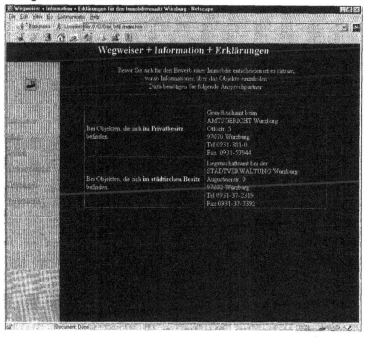

Anlage 9: Vertragsabschluß

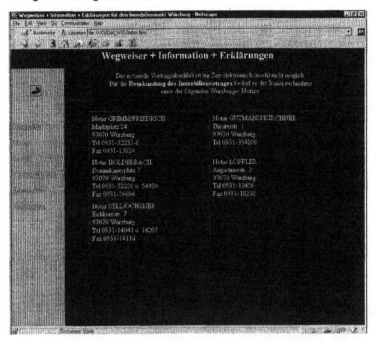

Anlage 10: Finanzierung

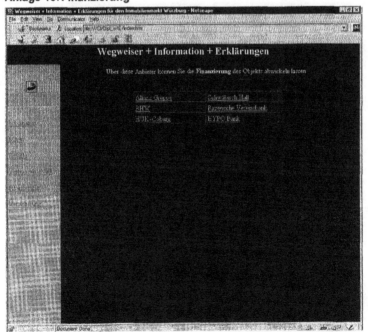

Anlage 11: Bsp. für Finanzierungsunternehmen

Anlage 12: Versicherung

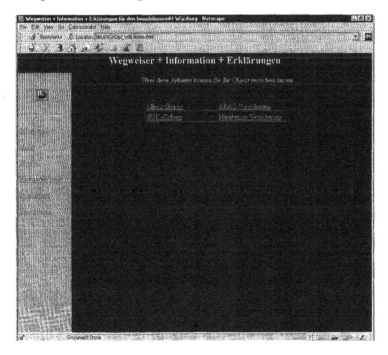

Anlage 13: Bsp. für Versicherungsunternehmen

Anlage 14: Makro-Darstellung der Geschäftsprozeßkette Immobilienkauf

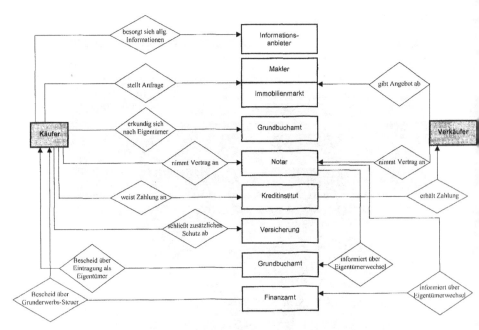

Anlage 15: Quellcode der Datei "WIE.htm"

```
<HTML>
<HEAD>
  <META HTTP-EQUIV="Content-Type" CONTENT="text/html; charset=iso-8859-1">
  <META NAME="Author" CONTENT="Dirk Frenzel">
  <META NAME="GENERATOR" CONTENT="Mozilla/4.05 [en] (Win95; I) [Netscape]">
  <TITLE>Würzburger WIE System</TITLE>
</HEAD>
<BODY TEXT="#000000" BGCOLOR="#000099" LINK="#FFCC00" VLINK="#33CCFF" ALINK="#FF0000">
<CENTER><B><U><FONT FACE="Arial,Helvetica"><FONT COLOR="#FFFF99"><FONT
SIZE=+4></FONT></FONT></FONT></U></B></CENTER>
<CENTER><B><U><FONT FACE="Arial,Helvetica"><FONT COLOR="#FFFF99"><FONT
SIZE=+4>IMMOBILIENHANDEL</FONT></FONT></FONT></U></B></CENTER>
<CENTER><FONT FACE="Arial,Helvetica"><FONT COLOR="#FFFF99"><FONT
SIZE=+2>W&uuml;rzburg</FONT></FONT></FONT></CENTER>
<CENTER> </CENTER>
<CENTER><A HREF="index.htm"></A> </CENTER>
<CENTER><TABLE BORDER=0 CELLSPACING=0 CELLPADDING=0 WIDTH="27%" >
<TR>
<TD>
<CENTER><FONT FACE="Arial,Helvetica"><FONT COLOR="#FFFF99"><FONT SIZE=+3><A
HREF="index.htm">W</A></FONT></FONT></FONT></CENTER>
</TD>
<TD><FONT FACE="Arial,Helvetica"><FONT COLOR="#FFFF99"><FONT SIZE=+3><A
HREF="index.htm">egweiser</A></FONT></FONT></FONT></TD>
</TR>
<TR>
<TD>
<CENTER><FONT FACE="Arial,Helvetica"><FONT COLOR="#FFFF99"><FONT SIZE=+3><A
HREF="index.htm">I</A></FONT></FONT></FONT></CENTER>
</TD>
<TD><FONT FACE="Arial,Helvetica"><FONT COLOR="#FFFF99"><FONT SIZE=+3><A
HREF="index.htm">nformation</A></FONT></FONT></FONT></TD>
</TR>
<TR>
<TD>
<CENTER><FONT FACE="Arial,Helvetica"><FONT COLOR="#FFFF99"><FONT SIZE=+3><A
HREF="index.htm">E</A></FONT></FONT></FONT></CENTER>
</TD>
<TD><FONT FACE="Arial,Helvetica"><FONT COLOR="#FFFF99"><FONT SIZE=+3><A
HREF="index.htm">rkl&auml;rungen</A></FONT></FONT></FONT></TD>
</TR>
</TABLE></CENTER>
<CENTER> </CENTER><CENTER> </CENTER>
<CENTER></CENTER>
<CENTER>
<HR WIDTH="100%"></CENTER>
<CENTER><FONT FACE="Arial,Helvetica"><FONT COLOR="#FFFFFF"><FONT
SIZE=+2></FONT></FONT></FONT> </CENTER>
<CENTER><B><U><FONT FACE="Arial,Helvetica"><FONT COLOR="#FFFFFF"><FONT
SIZE=+2></FONT></FONT></FONT></U></B> </CENTER>
<CENTER><B><U><FONT FACE="Arial,Helvetica"><FONT COLOR="#FFFFFF"><FONT
SIZE=+2></FONT></FONT></FONT></U></B></CENTER>
<CENTER><FONT FACE="Arial,Helvetica"><FONT COLOR="#FFFFFF"><FONT SIZE=+2>Das<B>
WIE-System</B> m&ouml;chte Ihnen mit Informationen und Erkl&auml;rungen
einen Wegweiser f&uuml;r den <B>Immobilienhandel</B> in W&uuml;rzburg bieten
!</FONT></FONT></FONT></CENTER>
</BODY>
</HTML>
```

Anlage 16: Quellcode der Datei "index.htm"

```
<HTML>
<HEAD>
  <META HTTP-EQUIV="Content-Type" CONTENT="text/html; charset=iso-8859-1">
  <META NAME="GENERATOR" CONTENT="Mozilla/4.05 [en] (Win95; I) [Netscape]">
  <TITLE>Wegweiser + Information + Erkl&auml;rungen f&uuml;r den Immobilienmarkt
W&uuml;rzburg</TITLE>
<FRAMESET rows="50,*" border=0>
<FRAME src="titel.htm" name="titel" scrolling=no marginwidth=2 marginheight=2>
<FRAMESET cols="130,*" border=0>
```

```
<FRAME src="inhalt.htm" name="Inhalt" marginwidth=2 marginheight=0>
<FRAME src="Main.htm" name="main">
</FRAMESET>
</FRAMESET>
</HEAD>
<BODY>
Dies ist die
<BR><B>Frame-Definition !!!!</B>
</BODY>
</HTML>
```

Anlage 17: Quellcode der Datei "inhalt.htm"
```
<HTML>
<HEAD>
  <META HTTP-EQUIV="Content-Type" CONTENT="text/html; charset=iso-8859-1">
  <META NAME="Author" CONTENT="Dirk Frenzel">
  <META NAME="GENERATOR" CONTENT="Mozilla/4.05 [en] (Win95; I) [Netscape]">
  <TITLE>inhalt</TITLE>
</HEAD>
<BODY TEXT="#000000" BGCOLOR="#999999" LINK="#0000EE" VLINK="#551A8B" ALINK="#FF0000">
 
<BR> 
<CENTER>  <A HREF="Main.htm" target="main"><IMG SRC="Pfeil zurück.gif" HEIGHT=24
WIDTH=24></A></CENTER>
<P>
<HR WIDTH="100%">
<BR><A HREF="Main_Information.htm" target="main">Information</A>
<P><A HREF="Main_Markt.htm" target="main">Markt</A>
<P><A HREF="Main_Einsicht.htm" target="main">Einsicht</A>
<P><A HREF="Main_Vertrag.htm" target="main">Vertragsabschlu&szlig;</A>
<P><A HREF="Main_Finanz.htm" target="main">Finanzierung</A>
<P><A HREF="Main_Versicherung.htm" target="main">Versicherung</A>
<P>
<HR WIDTH="100%">
</BODY>
</HTML>
```

Anlage 18: Quellcode der Datei "titel.htm"
```
<HTML>
<HEAD>
  <META HTTP-EQUIV="Content-Type" CONTENT="text/html; charset=iso-8859-1">
  <META NAME="Author" CONTENT="Dirk Frenzel">
  <META NAME="GENERATOR" CONTENT="Mozilla/4.05 [en] (Win95; I) [Netscape]">
  <TITLE>Titel</TITLE>
</HEAD>
<BODY TEXT="#000000" BGCOLOR="#000000" LINK="#0000EE" VLINK="#551A8B" ALINK="#FF0000">
<CENTER>
<H1>
<FONT COLOR="#FFFFFF"><FONT SIZE=+2>Wegweiser + Information +
Erkl&auml;rungen</FONT></FONT></H1></CENTER>
</BODY>
</HTML>
```

Anlage 19: Quellcode der Datei "Main_Information.htm"
```
<HTML>
<HEAD>
  <META HTTP-EQUIV="Content-Type" CONTENT="text/html; charset=iso-8859-1">
  <META NAME="Author" CONTENT="Dirk Frenzel">
  <META NAME="GENERATOR" CONTENT="Mozilla/4.05 [en] (Win95; I) [Netscape]">
  <TITLE>Main</TITLE>
</HEAD>
<BODY TEXT="#FFFFFF" BGCOLOR="#000099" LINK="#66FFFF" VLINK="#CC66CC" ALINK="#FF0000">
<CENTER></CENTER>
<CENTER>Bevor Sie sich f&uuml;r eine Immobilie konkret interessieren, sollten Sie sich</CENTER>
<CENTER>genauer informieren, denn der Kauf/Verkauf eines Objektes stellt</CENTER>
<CENTER>einen sehr <B>komplexen Ablauf</B> dar.</CENTER>
<CENTER>
<HR WIDTH="100%"></CENTER>
<CENTER> </CENTER>
```

```
<CENTER><B>Informationsdienste kommerzieller Anbieter:</B></CENTER>
<CENTER> </CENTER>
<CENTER><TABLE BORDER COLS=2 WIDTH="50%" >
<TR>
<TD><A HREF="http://www2.vereinsbank.de/Immobilien/ImmoABC.html">Immobilienlexikon
der Bayerischen Vereinsbank</A></TD>
<TD><A HREF="http://www.immowelt.de/dataconcept/uebersicht.htm">DataConcept
Immowelt Info-Service</A></TD>
</TR>
<TR>
<TD><A HREF="http://www.schwaebisch-hall.de/index_news.html">Sch&auml;bisch
Hall: neueste News aus der Immobilien-Welt</A></TD>
<TD><FONT COLOR="#FFFFFF"><A HREF="http://www.schwaebisch-
hall.de/index_maschine.html">Schw&auml;bisch
Hall Info-Service</A></FONT></TD>
</TR>
<TR>
<TD><FONT COLOR="#FFFFFF"><A
HREF="http://www.aengevelt.com/aengevelt/news/doc/a_news.htm">Aengevelt
Info-Service</A></FONT></TD>
<TD></TD>
</TR>
</TABLE></CENTER>
<CENTER> </CENTER>
<CENTER> <A NAME="Top of the page"></A></CENTER>
<CENTER><B>Unser Informationsangebot:</B></CENTER>
<CENTER> </CENTER>
<CENTER><TABLE BORDER COLS=2 WIDTH="58%" >
<TR>
<TD>Ablauf eines Immobilienkaufes:</TD>
<TD><A HREF="Main_Ablaufdarstellung.htm">komplette Darstellung</A></TD>
</TR>
<TR>
<TD></TD>
<TD></TD>
</TR>
<TR>
<TD>Wissenswertes:</TD>
<TD><A HREF="#Bauträgervertrag">Bautr&auml;gervertrag</A></TD>
</TR>
<TR>
<TD></TD>
<TD><A HREF="#Grundpfandrecht">Grundpfandrecht</A></TD>
</TR>
<TR>
<TD></TD>
<TD><A HREF="#Notar">Notar</A></TD>
</TR>
<TR>
<TD></TD>
<TD><A HREF="#Käuferschutz">K&auml;uferschutz</A></TD>
</TR>
<TR>
<TD></TD>
<TD><A HREF="#Verkäuferschutz">Verk&auml;uferschutz</A></TD>
</TR>
<TR>
<TD></TD>
<TD><A HREF="#Vertragsinhalt">Vertragsinhalt bei Grundst&uuml;ckskauf</A></TD>
</TR>
<TR>
<TD></TD>
<TD><A HREF="#Eigentumsverwaltung">Verwaltung des Eigentums</A></TD>
</TR>
<TR>
<TD></TD>
<TD><A HREF="#Eigentümerverwaltung">Wohnungseigent&uuml;merversammlung</A></TD>
</TR>
</TABLE></CENTER>
<CENTER>
```

```
<HR SIZE=22 WIDTH="100%"></CENTER>
<CENTER> </CENTER>
<CENTER><TABLE BORDER COLS=1 WIDTH="76%" >
<TR>
<TD>Mit einem <A NAME="Bauträgervertrag"></A><B><U>Bautr&auml;gervertrag</U></B>
erwirbt der K&auml;ufer ein Grundst&uuml;ck oder einen Grundst&uuml;cksanteil
in Verbindung mit einem Geb&auml;ude (Haus oder Wohnung), das erst noch
gebaut wird. Bauherr dieser Immobilie ist der Verk&auml;ufer, der damit
als Bautr&auml;ger handelt. 
<P>Der Bautr&auml;gervertrag, der oft schon vor Baubeginn abgeschlossen
wird, mu&szlig; von einem Notar beurkundet werden. Dabei steht der Notar
beiden Seiten als unabh&auml;ngiger sachkundiger Rechtsberater zur Verf&uuml;gung. 
<P>Der Vertrag <B>regelt</B> u. a. 
<UL>
<LI>
wann und wie der Kaufpreis bezahlt wird,</LI>
<LI>
was im Kaufpreis inbegriffen ist (z. B. Kosten f&uuml;r Stra&szlig;en,
Kanal, Kinderspielplatz und &auml;hnliches),</LI>
<LI>
wann und wie das Haus oder die Wohnung fertiggestellt und abgenommen wird
und </LI>
<LI>
welche Rechte der K&auml;ufer bei Baum&auml;ngeln besitzt.</LI>
</UL>
Vor der Unterzeichnung des Bautr&auml;gervertrages sollte sich der K&auml;ufer
mit folgenden <B>Unterlagen</B> vertraut machen: 
<UL>
<LI>
Entwurf des Bautr&auml;gervertrages,</LI>
<LI>
Baubeschreibung mit Pl&auml;nen (die Bauleistung, die der K&auml;ufer f&uuml;r
sein Geld erh&auml;lt) und</LI>
<LI>
Teilungserkl&auml;rung mit Gemeinschaftsordnung bei Eigentumswohnungen.</LI>
</UL>
Technische Fragen sollte der K&auml;ufer mit dem Bautr&auml;ger bzw. anderen
Fachleuten kl&auml;ren. Unklarheiten bzgl. vertraglicher Regelungen sollten
vom Notar (auch vor dem Beurkundungstermin) erl&auml;utert werden. 
<P>Der K&auml;ufer wird mit <B>Risiken</B> konfrontiert. So mu&szlig; er
in eigener Verantwortung entscheiden, ob das Preis-Leistungsverh&auml;ltnis
angemessen ist und ob er das Objekt finanzieren kann. Vor dem Vertragsabschlu&szlig;
sollten alle Fragen der Finanzierung gekl&auml;rt sein. 
<BR>Sind die Bauarbeiten bei Vertragsabschlu&szlig; noch nicht beendet,
tr&auml;gt der K&auml;ufer das Risiko der Fertigstellung. Daher ist es
sinnvoll, sich nach dem Ruf des Bautr&auml;gers zu erkundigen. 
<DIV ALIGN=right><A HREF="#Top of the page"><IMG SRC="zurueck.jpg" BORDER=0 HEIGHT=15
WIDTH=47></A></DIV>
 </TD>
</TR>
<TR>
<TD>Es gibt zwei Arten von <A NAME="Grundpfandrecht"></A><B><U>Grundpfandrechten</U></B>:
Die Hypothek und die Grundschuld: 
<UL>
<LI>
Die <B>Hypothek</B> ist f&uuml;r ein bestimmtes Darlehen bestellt und mit
dessen R&uuml;ckzahlung verbraucht.</LI>
<LI>
Die <B>Grundschuld</B> kann beliebig oft als Sicherheit auch f&uuml;r neue
Darlehen verwendet werden.</LI>
</UL>
Alle Grundpfandrechte m&uuml;ssen im Grundbuch eingetragen werden. Sie
geben Banken und anderen Darlehensgebern eine <B>Sicherheit</B> zu dem
eingetragenen Betrag. Falls ein gesichertes Darlehen nicht zur&uuml;ckbezahlt
wird, kann das Grundst&uuml;ck versteigert werden. Der dabei erzielte Erl&ouml;s
wird dann unter den Gl&auml;ubigern nach der Reihenfolge der Eintragung
ihrer Grundpfandrechte verteilt. Der Eigent&uuml;mer bekommt nur dann etwas
von dem Verkaufserl&ouml;s, wenn nach der Verteilung noch Geld &uuml;brig
ist. Die Erkl&auml;rungen, die f&uuml;r die Eintragung eines Grundpfandrechts
erforderlich sind, m&uuml;ssen bei einem Notar abgegeben werden. 
```

```
<P>Da eine Grundschuld nicht an ein ganz bestimmtes Darlehen gekoppelt
ist, m&uuml;ssen Eigent&uuml;mer und Gl&auml;ubiger in einem weiteren Vertrag
- der sog. <B>Zweckerkl&auml;rung</B> - regeln, welche Schulden durch die
Grundschuld eigentlich gesichert werden. Die Zweckerkl&auml;rung entscheidet
&uuml;ber das Haftungsrisiko des Eigent&uuml;mers. 
<P>Der Eigent&uuml;mer kann vom Gl&auml;ubiger die <B>L&ouml;schung</B>
des Grundpfandrechts verlangen, sobald alle gesicherten Kredite zur&uuml;ckbezahlt
sind. Dazu unterzeichnet der Gl&auml;ubiger eine L&ouml;schungsbewilligung,
und der Eigent&uuml;mer stimmt bei einem Notar der L&ouml;schung zu. Der
Notar sorgt f&uuml;r die notwendige Grundbucheintragung. Damit ist das
Grundpfandrecht gel&ouml;scht. 
<BR>Die Grundschuld kann man aber auch im Grundbuch stehen lassen, um sie
zur Sicherung sp&auml;terer Kredite zu verwenden. 
<DIV ALIGN=right><A HREF="#Top of the page"><IMG SRC="zurueck.jpg" BORDER=0 HEIGHT=15
WIDTH=47></A></DIV>
</TD>
</TR>
<TR>
<TD>Ein <A NAME="Notar"></A><B><U>Notar</U></B> ist eine Amtsperson,
die vom Staat ernannt wird und f&uuml;r den Rechtsfrieden im Interesse
des Verbraucherschutzes sorgt. Er betreut den B&uuml;rger bei schwierigen
und folgenreichen Rechtsgesch&auml;ften. Er ber&auml;t und belehrt die
Parteien und hilft bei der Formulierung von Vertr&auml;gen  
<BR>Notare sind besonders qualifizierte und erfahrene Juristen. Durch ihre
Unabh&auml;ngigkeit von Staat und Auftraggeber sollen sie auch dem unerfahrenen
B&uuml;rger sein Recht sichern. 
<P>Die Inanspruchnahme eines Notars ist <B>notwendig</B> in Vertragsangelegenheiten
auf den Gebieten Immobilien, Ehe und Familie, Testament und Erbe sowie
Handelsregistereintragungen. 
<P>Die <B>Geb&uuml;hr</B>, die f&uuml;r die Dienstleistung eines Notars
entrichtet werden mu&szlig;, richtet sich nach der g&uuml;ltigen Kostenordnung.
Sie ist direkt abh&auml;ngig von dem Gesch&auml;ftswert, welcher sich nach
dem wirtschaftlichen Wert der beurkundeten Erkl&auml;rung richtet. Entscheidend
ist der tats&auml;chliche Wert des Objektes, um das es bei der Urkunde
geht. 
<BR>Normalerweise ist die volle Geb&uuml;hr f&uuml;r eine Beurkundung f&auml;llig.
Bei einem Vertragsabschlu&szlig; f&auml;llt die doppelte Geb&uuml;hr an
und bei Vollmachtsbeurkundungen die H&auml;lfte. Zu diesen Geb&uuml;hren
m&uuml;ssen dem Notar noch die Auslagen (Abschriften, Porto, Telefon) erstattet
werden. 
<DIV ALIGN=right><A HREF="#Top of the page"><IMG SRC="zurueck.jpg" BORDER=0 HEIGHT=15
WIDTH=47></A></DIV>
</TD>
</TR>
<TR>
<TD><A NAME="Käuferschutz"></A><B><U>K&auml;uferschutz</U></B>: Bei einem
Immobilienkauf wechselt der Eigent&uuml;mer erst mit der Umschreibung im
Grundbuch - oft viele Wochen nach Verbriefung beim Notar. Solange bleibt
der Verk&auml;ufer verf&uuml;gungsberechtigter Eigent&uuml;mer der Immobilie.
Das bedeutet, da&szlig; er sie noch einmal verkaufen oder zus&auml;tzlich
belasten k&ouml;nnte. Ist er hoch verschuldet, kann die verkaufte Immobilie
noch mit Zwangshypotheken belastet und sogar versteigert werden. Hat der
K&auml;ufer in solchen F&auml;llen ohne Sicherheit den Kaufpreis bezahlt,
mu&szlig; er zusehen, ob und wie er sein Geld zur&uuml;ckerh&auml;lt. Die
Immobilie ist f&uuml;r ihn ohnehin verloren. 
<P>Deshalb wird empfohlen, da&szlig; man im <B>Vertrag</B> vorsieht, da&szlig;
der Kaufpreis erst dann gezahlt wird, wenn 
<UL>
<LI>
der K&auml;ufer als Erwerber im Grundbuch vorgemerkt ist (<B>Auflassungsbescheid</B>)
- damit ist die Immobilie "aus dem Verkehr gezogen",</LI>
<LI>
Genehmigungen vorliegen, die f&uuml;r den Kaufvertrag erforderlich sein
k&ouml;nnen (z. B. bei Eigentumswohnungen, landwirtschaftlichen Grundst&uuml;cken
oder Beteiligung Minderj&auml;hriger) - damit ist der Vertrag rechtswirksam,</LI>
<LI>
im Grundbuch eingetragene Hypotheken- oder Grundschuldgl&auml;ubiger des
Verk&auml;ufers ihr Einverst&auml;ndnis mit der L&ouml;schung ihrer Rechte
erkl&auml;rt haben (<B>L&ouml;schungsbewilligung</B>) - damit ist die lastenfreie
&Uuml;bereignung gesichert und </LI>
```

```
<LI>
die Gemeinde oder andere von einem Vorkaufsrecht keinen Gebrauch machen.</LI>
</UL>
Der Notar hat die <B>Erf&uuml;llung</B> dieser Voraussetzungen zu &uuml;berwachen
und den K&auml;ufer &uuml;ber einen gefahrlosen Zeitpunkt der Kaufpreiszahlung
zu informieren. 
<DIV ALIGN=right><A HREF="#Top of the page"><IMG SRC="zurueck.jpg" BORDER=0 HEIGHT=15
WIDTH=47></A></DIV>
</TD>
</TR>
<TR>
<TD><A NAME="Verkäuferschutz"></A><B><U>Verk&auml;uferschutz</U></B>: Der
Verk&auml;ufer will sicher sein, da&szlig; er f&uuml;r sein Eigentum den
vereinbarten Kaufpreis tats&auml;chlich erh&auml;lt. Die Eigentumsumschreibung
ist deshalb von dem Notar erst vornehmen zu lassen, wenn der Verk&auml;ufer
sein Geld bekommen hat. 
<P>Vorteilhaft ist f&uuml;r ihn weiterhin, da&szlig; gegen den zahlungss&auml;umigen
K&auml;ufer nicht erst prozessieren werden mu&szlig;, weil notariell beurkundete
Anspr&uuml;che wie Gerichtsurteile sofort vollstreckt werden k&ouml;nnen. 
<DIV ALIGN=right><A HREF="#Top of the page"><IMG SRC="zurueck.jpg" BORDER=0 HEIGHT=15
WIDTH=47></A></DIV>
</TD>
</TR>
<TR>
<TD><A NAME="Vertragsinhalt"></A><B><U>Vertragsinhalt bei Grundst&uuml;ckskauf</U>:</B>
Neben der genauen Bezeichnung der Vertragsparteien, des Vertragsobjektes
und des Kaufpreises enth&auml;lt die Urkunde Regelungen &uuml;ber: 
<UL>
<LI>
die Haftung bei Sachm&auml;ngeln,</LI>
<LI>
die Haftung bei Rechtsm&auml;ngeln (falls die Rechte Dritter - etwa die
eines Mieters - den Erwerb beeintr&auml;chtigen),</LI>
<LI>
den Zeitpunkt des &Uuml;bergangs von Besitz, Nutzungen und Lasten,</LI>
<LI>
die Aufteilung der Erschlie&szlig;ungskosten und</LI>
<LI>
die Aufbringung und Finanzierung des Kaufpreises durch den K&auml;ufer.</LI>
</UL>
<DIV ALIGN=right> <A HREF="#Top of the page"><IMG SRC="zurueck.jpg" BORDER=0 HEIGHT=15
WIDTH=47></A></DIV>
</TD>
</TR>
<TR>
<TD><A NAME="Eigentumsverwaltung"></A>Die Eigent&uuml;mer k&ouml;nnen das
gemeinschaftliche <B><U>Eigentum</U></B> entweder selbst <B><U>verwalten</U></B>
oder aber einen Verwalter f&uuml;r die Dauer von h&ouml;chstens f&uuml;nf
Jahren bestellen. Oft brauchen gr&ouml;&szlig;ere Wohnanlagen zus&auml;tzlich
einen Hausmeister. Die Verg&uuml;tung f&uuml;r den Verwalter und den Hausmeister
m&uuml;ssen die Eigent&uuml;mer gemeinsam tragen. Den Verwalter erwarten
vielf&auml;ltige Aufgaben. Er mu&szlig; 
<UL>
<LI>
das gemeinschaftliche Eigentum instandhalten,</LI>
<LI>
erforderliche Versicherungen abschlie&szlig;en,</LI>
<LI>
eine angemessene Instandhaltungsr&uuml;cklage bilden,</LI>
<LI>
die Beschl&uuml;sse der Eigent&uuml;mer durchf&uuml;hren,</LI>
<LI>
die Kostenbeitr&auml;ge der Eigent&uuml;mer einziehen und</LI>
<LI>
eine &Uuml;bersicht der Einnahmen und Ausgaben (Wirtschaftsplan) und die
Abrechnung f&uuml;r die Vergangenheit aufstellen.</LI>
</UL>
Jeder Eigent&uuml;mer ist verpflichtet, das Hausgeld p&uuml;nktlich zu
bezahlen. Es soll die Kosten decken, die nach dem Wirtschaftsplan auf die
Gemeinschaft zukommen. 
```

```
<DIV ALIGN=right><A HREF="#Top of the page"><IMG SRC="zurueck.jpg" BORDER=0 HEIGHT=15
WIDTH=47></A></DIV>
</TD>
</TR>
<TR>
<TD><A NAME="Eigentümerverwaltung"></A>Mindestens einmal j&auml;hrlich
findet eine <B><U>Wohnungseigent&uuml;merversammlung</U></B> statt. Die
Versammlung entscheidet vor allem &uuml;ber den Wirtschaftsplan, die H&ouml;he
des Hausgelds, die Durchf&uuml;hrung gr&ouml;&szlig;erer Reparaturen sowie
Fragen der Hausordnung. Zudem bestellt sie den Verwalter. 
<BR>Die Wohnungseigent&uuml;mer k&ouml;nnen durch Abstimmung eine Sonderumlage
f&uuml;r Reparaturen beschlie&szlig;en. Eine Mehrheitsentscheidung verpflichtet
alle Eigent&uuml;mer, die Umlage zu bezahlen. Diese Verpflichtung kann
auch auf einen K&auml;ufer &uuml;bergehen. Wer eine Eigentumswohnung erwerben
will, sollte sich daher beim Verwalter &uuml;ber gegenw&auml;rtige oder
k&uuml;nftig anstehende Reparaturen <B>erkundigen</B>. 
<DIV ALIGN=right><A HREF="#Top of the page"><IMG SRC="zurueck.jpg" BORDER=0 HEIGHT=15
WIDTH=47></A></DIV>
</TD>
</TR>
</TABLE></CENTER>
<CENTER> </CENTER><CENTER> </CENTER>
<CENTER> </CENTER><CENTER> </CENTER>
<CENTER> </CENTER><CENTER> </CENTER>
<CENTER> </CENTER>
</BODY>
</HTML>
```

Anlage 20: Quellcode der Datei "Main_Ablaufdarstellung.htm"

```
<HTML>
<HEAD>
  <META HTTP-EQUIV="Content-Type" CONTENT="text/html; charset=iso-8859-1">
  <META NAME="Author" CONTENT="Dirk Frenzel">
  <META NAME="GENERATOR" CONTENT="Mozilla/4.05 [en] (Win95; I) [Netscape]">
  <TITLE>Main</TITLE>
</HEAD>
<BODY TEXT="#FFFFFF" BGCOLOR="#000099" LINK="#66FFFF" VLINK="#009900" ALINK="#FF0000">
<CENTER><A NAME="Top"></A>An dieser Stelle m&ouml;chten wir Ihnen einmal
kurz darstellen,</CENTER>
<CENTER>welche Schritte f&uuml;r den Erwerb einer Immobilie notwendig sind.</CENTER>
<CENTER>Diese k&ouml;nnen Sie anhand unseres Informationssystems, das Sie</CENTER>
<CENTER>gerade benutzen abarbeiten.</CENTER>
<CENTER>
<HR WIDTH="100%"></CENTER>
<CENTER>
<H3>
Aus Sicht des Kaufinteressenten sind</H3></CENTER>
<CENTER>
<H3>
<B><U>folgende Schritte</U> zwingend:</B></H3></CENTER>
<CENTER> </CENTER>
<CENTER><TABLE BORDER COLS=1 WIDTH="80%" >
<TR>
<TD>
<OL>
<LI>
Bevor Sie sich f&uuml;r ein Objekt entscheiden, sollten Sie sich &uuml;ber
die wesentlichen Aspekte eines Immobilienkaufs <B>informieren</B>. </LI>
<BR>Dazu bietet sich 
<UL>
<LI>
unser redaktionelles Angebot, </LI>
<LI>
Internetangebote verschiedener Anbieter sowie </LI>
<LI>
Informationen der Fachpresse an.</LI>
</UL>
 
<LI>
Nachdem Sie sich informiert haben, m&ouml;chten Sie erfahren, ob ein passendes
```

```
Objekt <B>angeboten</B> wird.</LI>
<BR>Dazu sollten Sie 
<UL>
<LI>
den privaten Kleinanzeigenmarkt der &ouml;rtlichen Presse studieren, </LI>
<LI>
die elektronischen Immobilienb&ouml;rsen und Angebote im Internet durchgehen
sowie</LI>
<LI>
die Angebote lokaler Immobilienmakler &uuml;berpr&uuml;fen.</LI>
</UL>
 
<LI>
Haben Sie sich dann f&uuml;r ein Objekt entschieden, so ist es ratsam,
vorab <B>zus&auml;tzliche objektbezogene Informationen</B> (z. B. &uuml;ber
evtl. &Auml;nderungen im Bebauungsplan oder &Auml;nderungen der Eigentumsverh&auml;ltnisse)
einzuholen. Die objektbezogenen Informationen erh&auml;lt man bei dem Liegenschaftsamt
der Stadtverwaltung und beim Grundbuchamt des Amtsgerichts.</LI>
<BR> 
<LI>
Bevor Sie zum Vertragsabschlu&szlig; schreiten sollten Sie alle Fragen
der <B>Finanzierung</B> abkl&auml;ren. Dazu sollten Sie ihre bisherige
Bank, bei der Sie bspw. schon einen Bausparvertrag abgeschlossen haben,
oder andere Kreditinstitute kontaktieren. </LI>
<BR>Dieses kann entweder durch 
<UL>
<LI>
elektronische Angebote im Internet oder </LI>
<LI>
durch Angebote lokaler Banken vor Ort geschehen.</LI>
</UL>
 
<LI>
Nachdem Sie nun Ihre Kaufentscheidung endg&uuml;ltig gef&auml;lt haben,
gehen Sie mit dem Verk&auml;ufer oder Makler zu einem <B>Notar</B>, bereiten
den Vertrag vor und schlie&szlig;en ihn ab. </LI>
<BR>Der Notar sorgt daf&uuml;r, 
<UL>
<LI>
da&szlig; der Vertrag rechtsg&uuml;ltig ist,</LI>
<LI>
da&szlig; Sie als K&auml;ufer im Grundbuch vermerkt sind (Auflassungsbescheid),</LI>
<LI>
da&szlig; das Objekt lastenfrei ist (L&ouml;schungsbewilligung),</LI>
<LI>
da&szlig; s&auml;mtliche weitere Voraussetzungen f&uuml;r einen ordnungsgem&auml;&szlig;en
Eigentums&uuml;bergang erf&uuml;llt werden,</LI>
<LI>
da&szlig; das Finanzamt (Grunderwerbssteuerstelle) von dem Kauf informiert
wird und</LI>
<LI>
da&szlig; das Amtsgericht (Grundbuchamt) zwecks Eintragung &uuml;ber den
Eigent&uuml;merwechsel in Kenntnis gesetzt wird.</LI>
</UL>
 
<LI>
Schlie&szlig;lich m&ouml;chten Sie Ihr neu erworbenes Eigentum lange nutzen.
Deshalb ist es ratsam zu &uuml;berpr&uuml;fen, welche <B>Versicherungen</B>
f&uuml;r das Objekt bereits abgeschlossen sind, um evtl. weitere 
Angebote (wie Hausrat-, Glas- oder Geb&auml;udeschutz) einzuholen. Hierzu
bieten sich verschiedene Versicherungsunternehmen an, die Sie in der &ouml;rtlichen
Niederlassung oder auf der jeweiligen Internetseite aufsuchen k&ouml;nnen. </LI>
</OL>
</TD>
</TR>
</TABLE></CENTER>
<CENTER> </CENTER>
<CENTER> <A HREF="#Top"><IMG SRC="zurueck.jpg" BORDER=0 HEIGHT=15
WIDTH=47></A></CENTER>
</BODY></HTML>
```

Anlage 21: Quellcode der Datei "Main_Markt.htm"

```
<HTML>
<HEAD>
  <META HTTP-EQUIV="Content-Type" CONTENT="text/html; charset=iso-8859-1">
  <META NAME="Author" CONTENT="Dirk Frenzel">
  <META NAME="GENERATOR" CONTENT="Mozilla/4.05 [en] (Win95; I) [Netscape]">
  <TITLE>Main</TITLE>
</HEAD>
<BODY TEXT="#FFFFFF" BGCOLOR="#000099" LINK="#66FFFF" VLINK="#551A8B" ALINK="#FF0000">
<CENTER><FONT COLOR="#FFFFFF">&Uuml;ber diese Anbieter k&ouml;nnen Sie
<B>Angebote/Gesuche</B> studieren</FONT></CENTER>
<CENTER><FONT COLOR="#FFFFFF">und auch selber aktiv werden:</FONT></CENTER>
<CENTER>
<HR WIDTH="100%"></CENTER>
<CENTER> </CENTER>
<CENTER><TABLE BORDER COLS=2 WIDTH="51%" >
<TR>
<TD><A HREF="http://www.haus-online.de/">Haus Online</A></TD>
<TD><FONT COLOR="#FFFFFF"><A
HREF="http://www.immobilien24.de/">Immobilien24</A></FONT></TD>
</TR>
<TR>
<TD><A HREF="http://bubis.com/k112/kleinanz">BuBis Kleinanzeigen </A> 
<BR><A HREF="http://bubis.com/k112/kleinanz">Stadt W&uuml;rzburg</A></TD>
<TD><A HREF="http://bubis.com/k112/kleinanz">BuBis Kleinanzeigen </A> 
<BR><A HREF="http://bubis.com/k165/kleinanz">Kreis W&uuml;rzburg</A></TD>
</TR>
<TR>
<TD><FONT COLOR="#FFFFFF"><A
HREF="http://immobilien.anzeiger.de/bayern/regionen.html">Immobilien-Anzeiger
Bayern</A></FONT></TD>
<TD><FONT COLOR="#FFFFFF"><A HREF="http://www.irex.com/cgi-
bin/WebObjects/IREX/Vereinsbank">Immobilien-B&ouml;rse
der</A></FONT> 
<BR><FONT COLOR="#FFFFFF"><A HREF="http://www.irex.com/cgi-
bin/WebObjects/IREX/Vereinsbank">Bayerischen
Vereinsbank</A></FONT></TD>
</TR>
<TR>
<TD><A HREF="http://www.mainpost.de/anzeigen/anz/overv.phtml?gruppe=IM">Mainpost
Kleinanzeigen</A></TD>
<TD><A HREF="http://www.aengevelt.com/">Aengevelt Immobilien</A></TD>
</TR>
<TR>
<TD><FONT COLOR="#FFFFFF"><A HREF="http://www.lbs-bayern.de/index.htm">LBS
Bayern</A></FONT></TD>
<TD><A HREF="http://www.immowelt.de/dataconcept/Immo.htm">Data Concept
Immowelt</A></TD>
</TR>
<TR>
<TD><A HREF="http://www.allianz-agrag.de/">Allianz Immobilien</A></TD>
<TD><A HREF="http://www.estate.net/html/d_a.html">EstateNet Immobilien</A></TD>
</TR>
<TR>
<TD><A HREF="http://won.mayn.de/spk/versicherungen.html">Sparkasse W&uuml;rzburg</A></TD>
<TD><A HREF="http://www.immowelt.de/dataconcept/aktuell2.htm">ImmoWelt
Kleinanzeigen</A></TD>
</TR>
<TR>
<TD><A HREF="http://www.sax-immobilien.de/">SAX Immobilien</A></TD>
<TD><A HREF="http://193.102.192.54/">Vogel Immobilien</A></TD>
</TR>
</TABLE></CENTER>
<CENTER><B> </B></CENTER>
<CENTER><B> </B></CENTER>
<CENTER><B>Lokale Makler ohne Internetpr&auml;senz:</B></CENTER>
<CENTER><TABLE BORDER COLS=2 WIDTH="75%" >
<TR>
<TD>EICHHORN Immobilien 
<BR>Eichhornstr. 10 
```

```
<BR>97070 W&uuml;rzburg 
<BR>Tel 0931-50350 
<BR>Fax 0931-52212</TD>
<TD>PFISTER Immobilien 
<BR>Sterngasse 3b 
<BR>97070 W&uuml;rzburg 
<BR>Tel 0931-16200 
<BR>Fax 0931-17373</TD>
</TR>
<TR>
<TD>REINHART Immobilien 
<BR>Sterngasse 3 
<BR>97070 W&uuml;rzburg 
<BR>Tel 0931-32169-0 
<BR>Fax 0931-3216999</TD>
<TD>SEUBERT Immobilien 
<BR>Augustinerstr. 4 
<BR>97070 W&uuml;rzburg 
<BR>Tel 0931-572407 
<BR>Fax 0931-572508</TD>
</TR>
<TR>
<TD>SEYSCHAB Immobilien 
<BR>Kaiserstr. 10 
<BR>97070 W&uuml;rzburg 
<BR>Tel 0931-50416 u. 55827 
<BR>Tax 0931-59593</TD>
<TD>ULBRICH Immobilien 
<BR>Domstr. 18 
<BR>97070 W&uuml;rzburg 
<BR>Tel 0931-59430 
<BR> </TD>
</TR>
</TABLE></CENTER>
<CENTER> </CENTER><CENTER> </CENTER>
</BODY>
</HTML>
```

Anlage 22: Quellcode der Datei "Main_Einsicht.htm"

```
<HTML>
<HEAD>
  <META HTTP-EQUIV="Content-Type" CONTENT="text/html; charset=iso-8859-1">
  <META NAME="Author" CONTENT="Dirk Frenzel">
  <META NAME="GENERATOR" CONTENT="Mozilla/4.05 [en] (Win95; I) [Netscape]">
  <TITLE>Main</TITLE>
</HEAD>
<BODY TEXT="#FFFFFF" BGCOLOR="#000099" LINK="#66FFFF" VLINK="#551A8B" ALINK="#FF0000">
<CENTER><FONT COLOR="#FFFFFF">Bevor Sie sich f&uuml;r den Erwerb einer
Immobilie entscheiden ist es ratsam,</FONT></CENTER>
<CENTER><FONT COLOR="#FFFFFF">vorab Informationen &uuml;ber das Objekte
einzuholen.</FONT></CENTER>
<CENTER><FONT COLOR="#FFFFFF">Dazu ben&ouml;tigen Sie folgende
Ansprechpartner:</FONT></CENTER>
<CENTER>
<HR WIDTH="100%"></CENTER>
<CENTER> </CENTER>
<CENTER><TABLE BORDER COLS=2 WIDTH="85%" >
<TR>
<TD>Bei Objekten, die sich <B>im Privatbesitz</B> befinden:</TD>
<TD>Grundbuchamt beim 
<BR>AMTSGERICHT W&uuml;rzburg 
<BR>Ottostr. 5 
<BR>97070 W&uuml;rzburg 
<BR>Tel 0931-381-0 
<BR>Fax  0931-57944</TD>
</TR>
<TR>
<TD>Bei Objekten, die sich <B>im st&auml;dtischen Besitz</B> befinden:</TD>
<TD>Liegenschaftsamt bei der 
<BR>STADTVERWALTUNG W&uuml;rzburg 
```

```
<BR>Augustinerstr. 9 
<BR>97082 W&uuml;rzburg 
<BR>Tel 0931-37-2319 
<BR>Fax 0931-37-3392</TD>
</TR>
</TABLE></CENTER>
<CENTER> </CENTER><CENTER> </CENTER>
<CENTER> </CENTER><CENTER> </CENTER>
<CENTER> </CENTER>
</BODY>
</HTML>
```

Anlage 23: Quellcode der Datei "Main_Vertrag.htm"

```
<HTML>
<HEAD>
  <META HTTP-EQUIV="Content-Type" CONTENT="text/html; charset=iso-8859-1">
  <META NAME="Author" CONTENT="Dirk Frenzel">
  <META NAME="GENERATOR" CONTENT="Mozilla/4.05 [en] (Win95; I) [Netscape]">
  <TITLE>Main</TITLE>
</HEAD>
<BODY TEXT="#FFFFFF" BGCOLOR="#000099" LINK="#66FFFF" VLINK="#551A8B" ALINK="#FF0000">
<CENTER><FONT COLOR="#FFFFFF">Der notarielle Vertragsabschlu&szlig; ist
zur Zeit elektronisch (noch) nicht m&ouml;glich.</FONT></CENTER>
<CENTER><FONT COLOR="#FFFFFF">F&uuml;r die <B>Beurkundung des Immobilienvetrages</B>
bedarf es der Inanspruchnahme</FONT></CENTER>
<CENTER><FONT COLOR="#FFFFFF">einer der folgenden W&uuml;rzburger Notare:</FONT></CENTER>
<CENTER>
<HR WIDTH="100%"></CENTER>
<CENTER> </CENTER>
<CENTER><TABLE BORDER CELLSPACING=5 COLS=2 WIDTH="85%" >
<TR>
<TD>Notar GRIMM/FRIEDRICH 
<BR>Marktplatz 24 
<BR>97070 W&uuml;rzburg 
<BR>Tel 0931-32233-0 
<BR>Fax 0931-13824</TD>
<TD>Notar GUTMANN/KIRCHNER 
<BR>Theaterstr. 1 
<BR>97070 W&uuml;rzburg 
<BR>Tel 0931-354280 
<BR> </TD>
</TR>
<TR>
<TD>Notar HOLDERBACH 
<BR>Dominikanerplatz 7 
<BR>97070 W&uuml;rzburg 
<BR>Tel 0931-52220 u. 54920 
<BR>Fax 0931-16694</TD>
<TD>Notar L&Ouml;FFLER 
<BR>Augustinerstr. 2 
<BR>97070 W&uuml;rzburg 
<BR>Tel 0931-12426 
<BR>Fax 0931-18238</TD>
</TR>
<TR>
<TD>Notar SELL&Ouml;CHSNER 
<BR>Eichhornstr. 7 
<BR>97070 W&uuml;rzburg 
<BR>Tel 0931-14041 u. 14207 
<BR>Fax 0931-14116</TD>
<TD></TD>
</TR>
</TABLE></CENTER>
<CENTER> </CENTER>
<CENTER> </CENTER>
</BODY></HTML>
```

Anlage 24: Quellcode der Datei "Main_Finanz.htm"

```
<HTML>
<HEAD>
```

```
    <META HTTP-EQUIV="Content-Type" CONTENT="text/html; charset=iso-8859-1">
    <META NAME="Author" CONTENT="Dirk Frenzel">
    <META NAME="GENERATOR" CONTENT="Mozilla/4.05 [en] (Win95; I) [Netscape]">
    <TITLE>Main</TITLE>
</HEAD>
<BODY TEXT="#FFFFFF" BGCOLOR="#000099" LINK="#66FFFF" VLINK="#551A8B" ALINK="#FF0000">
<CENTER><FONT COLOR="#FFFFFF">&Uuml;ber diese Anbieter k&ouml;nnen Sie
die <B>Finanzierung</B> des Objekts abwickeln lassen:</FONT></CENTER>
<CENTER>
<HR WIDTH="100%"></CENTER>
<CENTER> </CENTER>
<CENTER><TABLE BORDER COLS=2 WIDTH="51%" >
<TR>
<TD><A HREF="http://www.allianz.de/">Allianz Gruppe</A></TD>
<TD><FONT COLOR="#FFFFFF"><A HREF="http://www.schwaebisch-hall.de/">Schw&auml;bisch
Hall</A></FONT></TD>
</TR>
<TR>
<TD><A HREF="http://www.bhw.de/">BHW</A></TD>
<TD><A HREF="http://www2.vereinsbank.de/www.fcg?Category=/Immobilien/Beratung">Bayerische
Vereinsbank</A></TD>
</TR>
<TR>
<TD><FONT COLOR="#FFFFFF"><A HREF="http://www.huk.de/">HUK-Coburg</A></FONT></TD>
<TD><A HREF="http://www.hypo.de/immobilien/">HYPO Bank</A></TD>
</TR>
</TABLE></CENTER>
<CENTER> </CENTER><CENTER> </CENTER>
<CENTER> </CENTER><CENTER> </CENTER>
</BODY>
</HTML>
```

Anlage 25: Quellcode der Datei "Main_Versicherung.htm"

```
<HTML>
<HEAD>
  <META HTTP-EQUIV="Content-Type" CONTENT="text/html; charset=iso-8859-1">
  <META NAME="Author" CONTENT="Dirk Frenzel">
  <META NAME="GENERATOR" CONTENT="Mozilla/4.05 [en] (Win95; I) [Netscape]">
  <TITLE>Main</TITLE>
</HEAD>
<BODY TEXT="#FFFFFF" BGCOLOR="#000099" LINK="#66FFFF" VLINK="#551A8B" ALINK="#FF0000">
<CENTER><FONT COLOR="#FFFFFF">&Uuml;ber diese Anbieter k&ouml;nnen Sie
Ihr Objekt versichern lassen:</FONT></CENTER>
<CENTER>
<HR WIDTH="100%"></CENTER>
<CENTER> </CENTER>
<CENTER><TABLE BORDER COLS=2 WIDTH="51%" >
<TR>
<TD><A HREF="http://www.allianz.de/">Allianz Gruppe</A></TD>
<TD><A HREF="http://www.arag.de/angebot/v_hws/index.htm">ARAG Versicherung</A></TD>
</TR>
<TR>
<TD><A HREF="http://www.huk.de/">HUK-Coburg</A></TD>
<TD><A HREF="http://www.nuernberger.de/">N&uuml;rnberger Versicherung</A></TD>
</TR>
</TABLE></CENTER>
<CENTER> </CENTER>
<CENTER> </CENTER>
<CENTER> </CENTER>
</BODY>
</HTML>
```

Literaturverzeichnis:

[100H98]   100hot Websites. In: http://www.100hot.com/main.chtml, 25.4.98.

[BAYR98a]   Der Notar - 6 Punkte die Sie wissen sollten. Informationsunterlagen des Bayerischen Notarvereins, München 1998.

[BAYR98b]   Bauträgervertrag. Informationsunterlagen des Bayerischen Notarvereins, München 1998.

[BAYR98c]   Eigentumswohnung. Informationsunterlagen des Bayerischen Notarvereins, München 1998.

[BAYR98d]   Grundpfandrechte. Informationsunterlagen des Bayerischen Notarvereins, München 1998.

[BAYR98e]   Grundstückskauf. Informationsunterlagen des Bayerischen Notarvereins, München 1998.

[BAYR98f]   Notarkosten. Informationsunterlagen des Bayerischen Notarvereins, München 1998.

[BELZ97]   Belz, C.; Tomczak, T.: Online Marketing - Chancen und Risiken elektronischer Märkte für Kunden und Unternehmungen am Beispiel der Electronic Mall Bodensee. Thexis (Fachbericht für Marketing) o. Jg. (1997) Nr. 2.

[BENJ95]   Benjamin, R.; Wigand, R.: Electronic Markets and the Virtual Value Chains on the Information Superhighway. In: Sloan Management o. Jg. (1995) Nr. 36, S. 62-72.

[BERN97]   Bernau, G.: Bürokommunikation im Wandel. Der Weg ins digitale Büro. InnoVatio, Bonn 1997.

[BERN98]   Bernstein, J. H.: Study looks at what drives online sales. In: http://www2.computerworld.com/home/online9697.nsf/idgnet/980508study1F44E, 15.5.98.

[BERS97]   Berst, J.: Business-to-Business E-Commerce poised for growth. In: http://www5.zdnet.com/anchordesk/story/story_1003.html, 20.09.97.

[BÖVE91]   von Böventer, E. von: Einführung in die Mikroökonomie. 7. Aufl., Oldenbourg, München 1991.

[BONN97]   Bonnert, E.: Wie am Schnürchen. In: Business Online o. Jg. (1997) Nr. 1-2, S. 44-47.

[BONS95]   Bons, R. et al.: Modelling Interorganizational Trade Procedures Using Documentary Petri Nets. In: Elektronische Märkte - Newsletter of the Competence Centre Electronic Markets. Universität St. Gallen (Institute für Informationsmanagement), 5. Jg. (1995) Nr. 13-14, S. 4-5.

[BORL97]   Borland, J.; Sims, D.: Online Community: What works and what it's worth. In: http://www.netinsider.com/news/features/1997/10/1022community2.html, 28.10.97.

[BRAY97]   Bray, P.: Checklist for Success - Net Gains - get it right first time. In: http//www.sunday-times.co.uk/news/pages/Sunday-Times/stigetget01001.html, 7.11.97.

[BREN97]   Brenner, W.; Zarnekow, R.: Noch fehlt die schnelle komplette Marktinformation. In: Office Mangement o. Jg. (1997) Nr. 4, S. 15-18.

[BREN98]   Brenken, D.: Virtuelle Rathäuser - Kommunen präsentieren sich im Internet. In: C't o. Jg. (1998) Nr. 9, S. 64-70.

[BUGN98]   Bug.Net: Streit um Probleme mit MS-Frontpage. In: Computerwoche 25. Jg. (1998) Nr. 21, S. 25.

[CALL97]   Callaway, E.: Playing with the big boys. In: PC Week o. Jg. v. 15.9.97, S. 90.

[COAS37]   Coase, R.H.: The Nature of the Firm. In: Economica o. Jg. (1937) Nr. 4, S. 386-405.

[CNEC97]   CNEC: Electronic Commerce fehlt die Vertrauensbasis. In: Computerwoche
            24. Jg. (1997) Nr. 25, S. 25-26.

[COMM97a]   CommerceNet: Real Estate COIN Demo. In: http://www.commerce.net, 30.3.98.

[COMM97b]   CommerceNet: Developing a common architectural Framework for Electronic
            Commerce - Report #97-07. In:
            http://www.commerce.net/research/pw/bulletin/97_07_r.html, 15.5.98.

[CORD97]   Cordes, R.; Willems, C.: Intranet: Anwendungen und Perspektiven. In: Boden, K.-
            P.; Barabas, M. (Hrsg.): Internet - von der Technologie zum Wirtschaftsfaktor.
            dPunkt, Heidelberg 1997, S. 219-234.

[CROC97]   Crocker, D. H.: An affiliated View of Internet Commerce. In: Kalakota, R.;
            Whinston, A.: Readings in Electronic Commerce. Addison-Wesley, Reading
            (USA) 1997, S. 3-27.

[DATA97]   Data Monitor: Service-Wüste fördert Electronic Commerce. In: Global Online
            o. Jg. (1997) Nr. 12, S. 8.

[DEIG97]   Deighton, J.: Interaktives Marketing: Erfolgreiche Methode oder heiße Luft? In:
            Harvard Business Manager 19. Jg. (1997) Nr. 2, S. 71-83.

[DILL97]   Dill, J.: Community Of Interest Network (COIN) Business Models. CommerceNet
            Research Note 97-19, 1.5.97. In:
            http://www.commerce.net/research/pw/bulletin/97_19_n.html, 22.4.98.

[DÖRF97a]   Dörflein, M.: Electronic Commerce und EDI. In: Thome, R.; Schinzer, H.: Elec-
            tronic Commerce: Anwendungsbereiche und Potentiale der digitalen Geschäftsab-
            wicklung. Vahlen, München 1997, S. 1-17.

[DÖRF97b]   Dörflein, M.: EDI zwischen Unternehmen. In: Thome, R.: Arbeit ohne Zukunft?:
            Organisatorische Konsequenz der wirtschaftlichen Informationsverarbeitung.
            Vahlen, München 1997, S. 49-65.

[ELLI97]   Elliott, M.: Interview, durchgeführt von Gfaller, H.. In: Computerwoche 24. Jg.
            (1997) Nr. 45, S. 9.

[ESSI98]   Essik, K. et al.: Ready, SET and wait. In:
            http://www.sun.com/sunworldonline/swol-05-1998/swol-05-set.html?050898a,
            10.5.98.

[FANK96]   Fank, M.: Einführung in das Informationsmanagement: Grundlagen, Methoden und
            Konzepte. Oldenbourg, München 1996.

[FERS94]   Ferstl, O. K.; Sinz, E. J.: Grundlagen der Wirtschaftsinformatik (Bd. 1). 2. Aufl.,
            Oldenbourg, München 1994.

[FISC86]   Fischbacher, A.: Strategisches Management der Informationsverarbeitung. Kon-
            zepte, Methodik und Instrumente. Kirsch, Herrsching 1986.

[FLIS97]   Flisi, C.: Building Services, not just Branches. In:
            http://www.iht.com/iht/sup/092497/ebank-1.html, 27.10.97.

[FORR98]   Forrester: Gründe für die langsame Entwicklung des Online-Handels. In: Global
            Online o. Jg. (1998) Nr. 4-5, S. 9.

[FROO97]   Froomkin, A. M.: The essential role of Trusted Third Parties in Electronic
            Commerce. In: Kalakota, R.; Whinston, A.: Readings in Electronic Commerce.
            Addison-Wesley, Reading (USA) 1997, S. 119-176.

[GART97]   Gartner Group: IT-Abteilungen behindern Extranet-Projekte. In: Computerwoche
            24. Jg. (1997) Nr. 43, S. 29.

[GEMI98]   Gemini Consulting: Schnelle Preisvergleiche im Internet - Größte Studie zum
            Electronic Commerce im deutschsprachigen Raum. In: Unternehmensberater o. Jg.
            (1998) Nr. 2, S. 38.

[GFAL98]   Gfaller, H.: Microsoft drängt in die Unternehmens-DV. In: Computerwoche 25. Jg.
            (1998) Nr. 11, S. 63-64.

[GÖTZ93]   Götz, K.: Bürokommunikation als integraler Bestandteil des Informationsmanagement. In: Scheer, A.-W.: Handbuch Informationsmanagement: Aufgaben - Konzepte - Praxislösungen. Gabler, Wiesbaden 1993, S. 433-462.

[GRUH97]   Gruhn, V.: Elektronischer Datenaustausch in zwischenbetrieblichen Geschäftsprozessen. In: Wirtschaftsinformatik 39 (1997) Nr. 3, S. 225-230.

[GUPT95]   Gupta, S.: The Hermes Project. In: http://www-personal-umich.edu/~sgupta/hermes/, 2.3.98.

[HAGE97]   Hagel, J.; Armstrong, A.: Net gain: Expanding Markets through Virtual Communities. Harvard Business School, Boston 1997.

[HALC97]   Halchmi, Z. et al.: Electronic Commerce - Pro's and Con's. In: http://techunix.technion.ac.il/~orena/ec/ec2.html, 19.10.97.

[HALT96]   Halter, U.: Workflow-Integration im Kreditbereich. In: Österle, H.; Vogler, P. (Hrsg.): Praxis des Workflow-Managements - Grundlagen, Vorgehen, Beispiele. Vieweg, Braunschweig 1996, S. 171-198.

[HART97]   Hartge, T.: Digitale Geschäfte. In: C't o. Jg. (1997) Nr. 3, S. 178-184.

[HEIN96]   Heinrich, L. J.: Informationsmanagement: Planung, Überwachung und Steuerung der Informationsinfrastruktur. Oldenbourg, München 1996.

[HEWS97a]   Hewson, D.: Business Sense - Don't just sit there - sell something. In: http//www.sunday-times.co.uk/news/pages/Sunday-Times/stigetget02016.html, 7.11.97.

[HEWS97b]   Hewson, D.: Retail therapy on screen. In: : http//www.sunday-times.co.uk/news/pages/Sunday-Times/stigetget02009.html, 7.11.97.

[HÖRE97]   Höreth, H.: Der Mittelstand erwartet überzeugende Web-Lösungen und keine Marketing-Sprüche. In: Business Online o. Jg. (1997) Nr. 11, S. 18.

[HOF97]   Hof, R. D.; Browder, S.; Elstrom, P.: Internet Communities - Forget surfers. An new class of Netizens is settling right in. In: http://www.businessweek.com/1997/18/b35251.htm, 9.9.97.

[HOFF97]   Hoffmann, D. L. et al.: Commercial Scenarios for the Web: Opportunities and Challenges. In: Kalakota, R.; Whinston, A.: Readings in Electronic Commerce. Addison-Wesley, Reading (USA) 1997, S. 29-53.

[HOFF97b]   Hoffmann, D. L.; Novak, T. P.: Ohne Titel. In: Interaktives Marketing: Erfolgreiche Methode oder heiße Luft? In: Harvard Business Manager 19. Jg. (1997) Nr. 2, S. 83.

[HOFF98]   Hoffmann, D.: So who's buying, Interview durchgeführt von Vaughn, S. in Los Angeles Times, 19.1.98. In: http://www.latimes.com/home/news/cutting/t0000058/2.html, 22.1.98.

[HOLL94]   Hollings, E.: Communications Competetiveness and Infrastructure Modernization Act of 1990. In: Report of the Senate Comittee on Commerce, Science and Transportation of 12th September 1990. U.S. Government Printing Office, Washington D.C. 1990.

[HOPF95]   Hopfenbeck, W.: Allgemeine Betriebswirtschafts- und Managementlehre: Das Unternehmen im Spannungsfeld zwischen ökonomischen, sozialen und ökologischen Interessen. 9. Aufl., Moderne Industrie, Landsberg 1995.

[HUBM89]   Hubmann, H.-E.: Elektronisierung von Beschaffungsmärkten und Beschaffungshierarchien: Informationsverarbeitung im Beschaffungsmanagement unter dem Einfluß neuer Informations- und Kommunikationstechniken. VVF, München 1989.

[HUFG97]   Hufgard, A.: Auswirkung der Wirtschaftsinformatik auf Berufsbilder und Geschäftsprozesse. In: Thome, R.: Arbeit ohne Zukunft?: Organisatorische Konsequenz der wirtschaftlichen Informationsverarbeitung. Vahlen, München 1997, S. 17-37.

[HURA95]   Huly, H.-R.; Raake, S.: Marketing-Online. Campus, Frankfurt usw. 1995.

[INFO98]   Fachverband Informationstechnik: Nutzung von Internet- und Online-Diensten. In: http://wwwfvit_eurobit.de/pages/fvit/infoges/Update/Wege009.htm, 2.4.98.

[INTE98]   Federal Study finds E-Commerce makes Economy boom. In: http://www.internetnews.com/ec-news/1998/05/0802-fed.html, 10.5.98.

[JAES96]   Jaeschke, P.: Integrierte Unternehmensmodellierung: Techniken zur Informations- und Geschäftsprozeßmodellierung. Deutscher Universitäts-Verlag, Wiesbaden 1996.

[JANI97]   Janik, J.: EDI via Internet macht Appetit auf mehr. In: Business Online o. Jg. (1997) Nr. 1-2, S. 46-47.

[JONE97]   Jones, K.: Extranet to save Automakers Money. In: http://www.zdnet.com/intweek/print/970519/inwk0057.html, 30.9.97.

[JUPI97]   Jupiter Communications: Analyse des EC-Marktes. In: http://www.jup.com, 10.7.97.

[KALA96]   Kalakota, R.; Whinston, A. B.: Frontiers of Elecronic Commerce. Addison-Wesley, Reading (USA) 1996.

[KALA97]   Kalakota, R.; Whinston, A. B.: Electronic Commerce: A Manager's Guide. Addison-Wesley, Reading (USA) 1997.

[KARS98]   Karstadt-Terminal gewinnt Preis. In: http://www.hightext.de/aktuell/?tag=27-04-1998, 1.5.98.

[KIRC97]   Kirchoff, D. J.: ANX - Making the Connection. In: http://www.aiag.org/anx/connect.html, 29.10.97.

[KIRS73]   Kirsch, W. et al.: Betriebswirtschaftliche Logistik. Gabler, Wiesbaden 1973.

[KLAR97]   Klar, K.: Der Rivale. Interview durchgeführt von v. Stein, G. In: Java-Spektrum o. Jg. (1997) Nr. 6, S. 53-55.

[KLEI93]   Klein, S.: Information Logistics. In: Elektronische Märkte - Newsletter of the Competence Centre Electronic Markets. Universität St. Gallen (Institute für Informationsmanagement), o. Jg. (1993) Nr. 9-10, S. 11-12.

[KLEI97a]   Klein, S.; Schuber, P.: Künftige Entwicklungen im Internet. In: http://www.netacademy.org/pubs/247.html, 3.12.97.

[KLEI97b]   Kleinhaus, V.: Informationssystem für heterogen verteilte Qualitätsinformationen. IPK, Berlin 1997.

[KLEI98]   Klein, P.: Nur ein Knopfdruck. In: Internet World o. Jg. (1998) Nr. 1, S. 42-45.

[KNIE97]   Knierim, U.: Die Milliarden-Website. In: Global Online o. Jg. (1997) Nr. 5-6, S. 58-59.

[KNÜP97]   Knüpfer, W.: Veränderungen im Handel und Vertrieb durch elektronische Märkte. In: Thome, R.: Arbeit ohne Zukunft?: Organisatorische Konsequenz der wirtschaftlichen Informationsverarbeitung. Vahlen, München 1997, S. 67-73.

[KNÜP97b]   Knüpffer, W.: Entwicklung und Betrieb von EC-Anwendungen. In: Thome, R.; Schinzer, H.: Electronic Commerce: Anwendungsbereiche und Potentiale der digitalen Geschäftsabwicklung. Vahlen, München 1997, S. 51-67.

[KÖHL97a]   Köhler, T. R.: Electronic Commerce - Elektronische Geschäftsabwicklung im Internet. In: Boden, K.-P.; Barabas, M. (Hrsg.): Internet - von der Technologie zum Wirtschaftsfaktor. dPunkt, Heidelberg 1997, S. 181-184.

[KÖHL97b]   Köhler, T. R.: Aufbau eines digitalen Vertriebes. In: Thome, R.; Schinzer, H.: Electronic Commerce: Anwendungsbereiche und Potentiale der digitalen Geschäftsabwicklung. Vahlen, München 1997, S. 41-50.

[KÖNI97]   König, W.; Rebel, T.: Elektronische Märkte – Anspruch und Wirklichkeit. In: http://caladan.wiwi.uni-frankfurt.de/IWI/papers/rebell/KoenigMTP.html, 6.11.97.

[KOSI97]   Kosiur, D.: Understanding Electronic Commerce. Microsoft Press, Redmond 1997.

[KRÄH94]   Krähenmann, N.: Ökonomische Gestaltungsanforderungen für die Entwicklung elektronischer Märkte. Hochschule St. Gallen, St. Gallen 1994.

[KUHL96]   Kuhlen, R.: Informationsmarkt: Chancen und Risiken der Kommerzialisierung von Wissen. 2. Aufl., Universitäts-Verlag Konstanz, Konstanz 1996.

[KUHL97]   Kuhlen, R.: Electronic Mall Bodensee. In: http://www.dl2000.de/buch/kuhlen.html, 10.11.97.

[KUHN95]   Kuhn, C.: Die Realisierung von Client-Server Applikationen in einer Electronic Mall. In: Schmid, B.: Electronic Mall: Banking und Shopping in globalen Netzen. Teubner, Stuttgart 1995, S. 235-267.

[LADU97]   La Du, T.: Where Communities of Interest (COI) and IP Service Quality Meet: The Automotive Network eXchange (ANXsm). In: http://members.commerce.net/pw/bulletin/97_41_n.html, 20.2.98.

[LAMP97]   Lamprecht, S.: Zahlungssysteme im Internet - Verfügbar muß es sein. In: Business Online o. Jg. (1997) Nr. 11, S. 56-80.

[LANG93]   Langenohl, T.: Systemarchitekturen elektronischer Märkte. Hochschule St. Gallen, St. Gallen 1994.

[LAPL97]   LaPlante, A.: Global Boundaries.Com. In http://cwllve.cw.com/home/print9497.nsf/All/SL97glob61617A, 19.10.97

[LEE98]   Lee, H. G.: Do Electronic Marketplaces Lower the Price of Goods? In: Communications of the ACM 41 (1998) Nr. 1, S. 73-80.   (243)

[LIND97]   Lindemann, M.; Klein, S.: Nutzung von Internet-Diensten im Rahmen des elektronischen Datenaustauschs - Architekturvarianten und ein Anwendungsszenario. In: http://bandon.unisg.ch/cc/em/papers/nutzung.html, 29.9.97.

[LOHR97]   Lohr, S.: Beyond Consumers, Companies pursue Business-to-Business Net Commerce. In: http://cisco.com/warp/public/146/GNB_NYT.html, 16.9.97.

[MALO87]   Malone, T. W. et al.: Electronic Markets and Electronic Hierarchies. In: Communications of the ACM 30. Jg. (1987) Nr. 6, S. 484-497.

[MAST97]   Visa, Mastercard & Technology Partners publish SET 1.0 Production Standard. In: http://www.mastercard.com/press/970602a.html, 27.10.97.

[MATT97]   Mattes, F.: Management by Internet: Internet-Einsatz aus der Management-Perspektive. Franzis, Feldkirchen 1997.

[MAZU97]   Mazure, S.: Electronic Commerce in the Round. In: http://www.aiag.org/anx/round.html, 29.10.97.

[MCMU98] McMullen, M.: Attack of the Virtual Salesman. In: http://www.zdnet.com/icom/content/homepage/1998/02, 10.2.98.

[MERT96a] Mertens, P.; Schumann, P.: Electronic Shopping: Formen, Entwicklungstrends und strategische Überlegungen. Forwiss, Erlangen usw. 1996.

[MERT96b] Mertens, P.; Schumann, P.: Electronic Shopping - Überblick, Entwicklungen und Strategie. In: Wirtschaftsinformatik 38 (1996) Nr. 5, S. 515-530.

[MERT98]   Mertens, P.: Editorial zum Schwerpunktthema Elektronischer Verkauf. In: Wirtschaftsinformatik 40 (1998) Nr. 1, S. 5.

[META98]   Meta Group: Umbau im Netz. In: Compendium - Extended Enterprise: IT-Strategien und IT-Synergien. Verlegerbeilage zu Computerwoche 25. Jg. (1998) Nr. 11, S. 18-24.

[MICH85]   Michaelis, E.: Organisation unternehmerischer Aufgabe – Transaktionkosten als Beurteilungskriterium. Lang, Frankfurt a. M. 1985.

[MOAD97a] Moad, J.: Forging flexible links. In: PC Week o. Jg. v. 15.9.97, S. 74-75.

[MOAD97b] Moad, J.: Extranets turn up heat in PC race. In: PC Week o. Jg. v. 15.9.97, S. 86.

[MOSK97]   Moskowitz, R.: ANX: Realizing the Vision. In: http://www.aiag.org/anx/vision.html, 29.10.97.

[MOUG97]   Mougayar, W.: Think modular for Internet Commerce. In:
              http://www.lantimes.com/lantimes/97/97oct/710b045b.html, 2.11.97.

[MOUG98]   Mougayar, W.: Opening digital markets: Battle plans and business strategies for
              Internet commerce. 2. Aufl., McGraw Hill, New York 1998.

[MÜLL96]   Müller-Michaelis, W.: Die Informationsgesellschaft im Aufbruch: Perspektiven für
              Wachstum, Beschäftigung und Kommunikation. Institut für Medienentwicklung
              und Kommunikation GmbH in der Verlagsgruppe Frankfurter Allgemeine Zeitung
              GmbH, Frankfurt a. M. 1996.

[MURC95a]   Murchland, P.: Inhibitors to Adoption of Electronic Commerce. In: Elektronische
              Märkte - Newsletter of the Competence Centre Electronic Markets. Universität St.
              Gallen (Institute für Informationsmanagement), o. Jg. (1995) Nr. 16-17, S. 11-12.

[MURC95b]   Murchland, P.: The Role of Government in Electronic Commerce. In: Elektroni-
              sche Märkte - Newsletter of the Competence Centre Electronic Markets. Univer-
              sität St. Gallen (Institute für Informationsmanagement), o. Jg. (1995) Nr. 13-14,
              S. 26-27.

[NACA98]   Was ist ein VPN? In: http://www.nacamar.de/v3/products/vpn/index.de.shtml,
              1.3.98.

[NECC98]   NEC Corp.: Suchmaschinen finden nicht mehr alle Seiten. In: Computerwoche
              25. Jg. (1998) Nr. 18, S. 23.

[NEUB97]   Neuburger, R.: Schafft EDI jetzt den Durchbruch?. In: Computerwoche Extra
              o. Jg. (1997) Nr. 3, S. 34-37.

[NOUW97]   Nouwens, J.; Bouwman, H.: Living apart together in Electronic Commerce: The
              Use of Information and Communication Technology to create Network Organiza-
              tions. In: http://www.usc.edu/dept/annenberg/vol1/issue3/nouwens.html, 13.10.97.

[OBER97]   Obermayr, K.: Aktuelle Trends und Entwicklungen im Internet aus Anwendersicht.
              In: Boden, K.-P.; Barabas, M. (Hrsg.): Internet - von der Technologie zum Wirt-
              schaftsfaktor. dPunkt, Heidelberg 1997, S. 59-71.

[o.V.97a]   Intranets können Computersysteme verbinden. In: F.A.Z. Nr. 220 v. 22.9.97, S. 24.

[o.V.97b]   Pandesic ebnet den Einstieg in E-Commerce. In: F.A.Z. Nr. 239 v. 15.10.97, S. 31.

[o.V.97c]   Das Direktmarketing wächst weiter. In: F.A.Z. Nr. 262 v. 11.11.97, S. 20.

[o.V.98]   900 Mio. Mark deutscher ECommerce-Umsatz. In: http://www.hightext.de/ak-
              mo.htm, 24.1.98.

[ÖSTE95]   Österle, H.: Business Engineering: Prozess- und Systementwicklung - Bd. 1: Ent-
              wurfstechniken. 2. Aufl., Springer, Berlin 1995.

[PAWL97]   Pawlowitz, N.: Wandel des klassischen Marketings. In: Business Online o. Jg.
              (1997) Nr. 9, S. 24-28.

[PICO96]   Picot, A. et al.: Die grenzenlose Unternehmung: Information, Organisation und
              Management; Lehrbuch zur Unternehmensführung im Informationszeitalter. 2.
              Aufl., Gabler, Wiesbaden 1996.

[PORT90]   Porter, M.: The Competitive Advantage of Nations. Free Press, New York 1990.

[POST97]   Post, H.-J.: Büro Internet - Neue Unternehmensstrukturen fürs Netz. In: C't Report
              o. Jg. (1997) Nr. 3, S. 154-155.

[PRAH90]   Prahalad, C. K.; Hamel, G.: The Core Competence of the Corporation. In: Harvard
              Business Review 68. Jg. (1990) Nr. 3, S. 79-91.

[RAHL97]   Rahlenbeck, E.: Elektronisches Geld - Der E-Rubel rollt. In: Global Online o. Jg.
              (1997) Nr. 11, S. 46-49.

[REGI98]   Register, T.: Internet-Umfrage. In: More Companies to use Internet for Purchasing.
              In: http://www.internetnews.com/ec-news/1998/02/2002-more.html, 17.3.98.

[REIL97]   Reilly, B. (Analyst der Gardner Group Inc.), zitiert in: Ambrosio, J.: Business, not
              consumers, will shape online commerce. In:
              http://cwlive.cw.com:8080/home/print9497.nsf/All/SL12ecomm, 19.10.97.

[RIEM88]   Riemann, W. O.: Betriebsinformatik: Anwendungsorientierte Einführung. Olden-
              bourg, München 1988.

[SARK97]   Sarkar, M. B. et al.: Intermediaries and Cybermediaries: A Continuing Role for
              Mediating Players in the Electronic Marketplace. In:
              http://www.usc.edu/dept/annenberg/vol1/issue3/sarkar.html, 5.10.97.

[SAYE97]   Sayegh, M.: Corba: Standard, Spezifikationen, Entwicklung. O'Reilly, Köln 1997.

[SCHÄ97]   Schätzler, D.; Eilingsfeld, F.: Intranets: Firmeninterne Informationssysteme mit
              Internet-Technologie. dPunkt, Heidelberg 1997.

[SCHE97]   Scheer, A.-W.: Die Geschäftsprozesse einheitlich steuern. In: Harvard Business
              Manager 19 (1997) Nr. 1, S. 115-122.

[SCHI89]   Schierenbeck, H.: Grundzüge der Betriebswirtschaftslehre. 10. Aufl., Oldenbourg,
              München 1989.

[SCHI97]   Schinzer, H.: Auswahl einer geeigneten Electronic-Commerce-Strategie. In:
              Thome, R.; Schinzer, H.: Electronic Commerce: Anwendungsbereiche und Poten-
              tiale der digitalen Geschäftsabwicklung. Vahlen, München 1997, S. 19-39.

[SCHM93]   Schmid, B.: Elektronische Märkte. In: Wirtschaftsinformatik 35 (1993) Nr. 5,
              S. 465-480.

[SCHM95]   Schmid, B.: Elektronische Einzelhandels- und Retailmärkte. In: Schmid, B.:
              Electronic Mall: Banking und Shopping in globalen Netzen. Teubner, Stuttgart
              1995, S. 17-32.

[SCHN97]   Schnetzer, R: Business Process Reengineering (BPR) und Workflow-Management-
              Systeme (WFMS) - Theorie und Praxis in der Schweiz. Shaker, Aachen 1997.

[SCHU96]   Schubert, P.: Potentiale verteilter Applikationen im Internet. In:
              http://www.netacademy.org/pubs/131.html, 3.12.97.

[SCHW95]   Schwarze, J.: Systementwicklung: Grundzüge der wirtschaftlichen Planung, Ent-
              wicklung und Einführung von Informationssystemen. Verlag Neue Wirtschafts-
              briefe, Herne/Berlin 1995.

[SCHW97a]   Schwartz, E. I.: Webonomics: Nine essential principles for growing your business
              on the World Wide Web. Broadway Books, New York 1997.

[SCHW97b]   Schwarz, M.: ‚Moment ich verbinde...' - COM, SOM und CORBA - oder die Su-
              che nach dem Software-Esperanto. In: C't o. Jg. (1997) Nr. 3, S. 256-273.

[SEEG97]   Seeger, H.; Boulle, P.: Netzwärme - Party im virtuellen Schrebergarten. In: Global
              Online o. Jg. (1997) Nr. 7, S. 40-47.

[SEEG98]   Seeger, H.: Communities - Kommerz mit Kommunikation ? In: Global Online
              o. Jg. (1998) Nr. 4-5, S. 34-38.

[STÄD98]   Städte am Netz. In: http://www-intern.nads.de:8765/jaCOMva/StaedteAmNetz/m-
              0.msg, 21.1.98.

[STAH97]   Stahlknecht, P.; Hasenkamp, U.: Einführung in die Wirtschaftsinformatik. 8. Aufl.,
              Springer, Berlin usw. 1997.

[STEI97]   Steinfield, C. et al.: The Impact of interorganizational Networks on Buyer-Seller
              Relationships. In: http://www.usc.edu/dept/annenberg/vol1/issue3/steinfld.html,
              5.10.97.

[STRA97]   Strack-Zimmermann, H.: Electronic Commerce mit R/3. In: Boden, K.-P.; Barabas,
              M. (Hrsg.): Internet - von der Technologie zum Wirtschaftsfaktor. dPunkt, Heidel-
              berg 1997.

[STRI88]   Striening, H.-D.: Prozeß-Management: Versuch eines integrierten Konzeptes si-
              tuationsadäquater Gestaltung von Verwaltungsprozessen, dargestellt am Beispiel

in einem multinationalen Unternehmen - IBM Deutschland GmbH. Lang, Frankfurt a. M. 1988.

[TENE97]   Tenenbaum, J. M. et al.: eCo System: CommerceNet's Architectural Framework for Internet Commerce. In: http://www.commerce.net/eco/index.html (eco_2.doc), 7.9.97.

[TEUF95]   Teufel, S. et al.: Computerunterstützung für die Gruppenarbeit. Addison-Wesley, Bonn 1995.

[THOM97a]   Thome, R.; Schinzer, H.: Marktübersicht Electronic Commerce. In: Thome, R.; Schinzer, H.: Electronic Commerce: Anwendungsbereiche und Potentiale der digitalen Geschäftsabwicklung. Vahlen, München 1997, S. 1-17.

[THOM97b]   Thome, R.: Standort Deutschland. In: Thome, R.: Arbeit ohne Zukunft?: Organisatorische Konsequenz der wirtschaftlichen Informationsverarbeitung. Vahlen, München 1997, S. 9-12.

[THOM90]   Thome, R.: Wirtschaftliche Informationsverarbeitung. Vahlen, München 1990.

[TRAD97]   Produktunterlagen zu TRADEex Market Maker der Fa. TDS, High Wycombe, U.K., Oktober 1997.

[WEBE98]   Weber, F.: E-Commerce ist noch keine Lizenz zum Gelddrucken. In: Computerwoche 25. Jg. (1998) Nr. 13, S. 25-26.

[WEBS95]   Webster, J. L. Y.: EDI: A pessimistic Viewpoint. In: Elektronische Märkte - Newsletter of the Competence Centre Electronic Markets. Universität St. Gallen (Institute für Informationsmanagement), o. Jg. (1995) Nr. 13-14, S. 6-7.

[WHIN97]   Whinston, A. B. et al.: The Economics of Electronic Commerce. Macmillan Technical Publishing, Indianapolis 1997.

[WILL75]   Williamson, O. E.: Markets and Hierachies: Analysis and Antitrust Implications. A Study in the Economics of International Organization. The Free Press, New York 1975.

[WÖHE96]   Wöhe, G.: Einführung in die allgemeine Betriebswirtschaftslehre. 19. Aufl., Vahlen, München 1996.

[ZBOR95]   Zbornik, S.: Elektronische Märkte, elektronische Hierarchien und elektronische Netzwerke. Universitätsverlag Konstanz, Konstanz 1995.

[ZBOR96]   Zbornik, S.: Elektronische Märkte, elektronische Hierarchien und elektronische Netzwerke: Koordination des wirtschaftlichen Leistungsaustausches durch Mehrwertdienste auf der Basis von EDI und offenen Kommunikationssystemen, diskutiert am Beispiel der Elektronikindustrie. Universität-Verlag Konstanz, Konstanz 1996.

[ZIMM95]   Zimmermann, H. D.; Kuhn, C.: Grundlegende Konzepte einer Electronic Mall. In: Schmid, B.: Electronic Mall: Banking und Shopping in globalen Netzen. Teubner, Stuttgart 1995, S. 33-94.

[ZIMM97]   Zimmermann, H. D.: The Electronic Mall Bodensee (EMB): An Introduction to the EMB and its architectural concepts. In: Elektronische Märkte - Newsletter of the Competence Centre Electronic Markets. Universität St. Gallen (Institute für Informationsmanagement), 7. Jg. (1997) Nr. 1, S. 13-17.

Abkürzungsverzeichnis:

ANSI	American National Standards Institute
ANX	Automotive Network Exchange
COIN	Community of Interest Network
CORBA	Common Object Request Broker Architecture
EC	Electronic Commerce
EDI	Electronic Data Interchange
EDIFACT	Electronic Data Interchange For Administration, Commerce and Transport
EM	Elektronische Markt
ERM	Entity Relationship Modell
FTAM	File Transfer and Management
FTP	File Transfer Protocol
HTML	Hypertext Markup Language
IP	Internet Protocol
ISO	International Standardization Organization
ISP	Internet Sevice Provider
IT	Informationstechnologie
IuK-Technik	Informations- und Kommunikationstechnik
KMU	Kleine und mittlere Unternehmen
ODETTE	Organization for Data Exchange by Tele Transmission in Europe
POP	Point of Presence
SA	Strukturierte Analyse
SET	Secure Electronic Transaction
TAK	Transaktionskosten
TCP	Transmission Control Protocol
VAN	Value Added Network
WFMS	Workflow-Management-System
WIE	Wegweiser + Information + Erklärung

ERKLÄRUNG

Ich erkläre, daß ich die Arbeit selbstständig verfaßt, keine anderen als die angegebenen Quellen und Hilfsmittel benutzt und die diesen Quellen und Hilfsmitteln wörtlich oder sinngemäß entnommenen Ausführungen als solche kenntlich gemacht habe.

Würzburg, 02.06.1998

....

***Diplomarbeiten* Agentur**

Die Diplomarbeiten Agentur vermarktet seit 1996 erfolgreich
Wirtschaftsstudien, Diplomarbeiten, Magisterarbeiten, Dissertationen
und andere Studienabschlußarbeiten aller Fachbereiche und Hochschulen.

Seriosität, Professionalität und Exklusivität prägen unsere Leistungen:

- Kostenlose Aufnahme der Arbeiten in unser Lieferprogramm
- Faire Beteiligung an den Verkaufserlösen
- Autorinnen und Autoren können den Verkaufspreis selber festlegen
- Effizientes Marketing über viele Distributionskanäle
- Präsenz im Internet unter **http://www.diplom.de**
- Umfangreiches Angebot von mehreren tausend Arbeiten
- Großer Bekanntheitsgrad durch Fernsehen, Hörfunk und Printmedien

Setzen Sie sich mit uns in Verbindung:

***Diplomarbeiten* Agentur**
Dipl. Kfm. Dipl. Hdl. Björn Bedey —
Dipl. Wi.-Ing. Martin Haschke ——
und Guido Meyer GbR ————

Hermannstal 119 k ————
22119 Hamburg ————

Fon: 040 / 655 99 20 ————
Fax: 040 / 655 99 222 ————

agentur@diplom.de ————
www.diplom.de ————

Diplomarbeiten Agentur

www.diplom.de

- **Online-Katalog**
  mit mehreren tausend Studien

- **Online-Suchmaschine**
  für die individuelle Recherche

- **Online-Inhaltsangaben**
  zu jeder Studie kostenlos einsehbar

- **Online-Bestellfunktion**
  damit keine Zeit verloren geht

**Wissensquellen
gewinnbringend nutzen.**

**Wettbewerbsvorteile
kostengünstig verschaffen.**